Gebhard Xaver Bock
Die Schuld des Schweigens

und (eine Begegnung mit gestern)
Ein Blick in das AfD-Parteiprogramm

Bibliografische Information der Deutschen Nationalbibliothek: Die Deutsche Nationalbibliothek verzeichnet diese Publikation in der Deutschen Nationalbibliografie; detaillierte bibliografische Daten sind im Internet über dnb.d-nb.de abrufbar.

TWENTYSIX – Der Self-Publishing-Verlag
Eine Kooperation zwischen der Verlagsgruppe Random House und BoD – Books on Demand

© 2016 Bock, Gebhard Xaver

Herstellung und Verlag:
BoD – Books on Demand, Norderstedt

ISBN: 978-3-7407-1466-6

Gebhard Xaver Bock

Die Schuld
des
Schweigens

und
Ein Blick in das AfD-Parteiprogramm

Die kursiv gesetzten Textpassagen stehen in der Übereinstimmung mit den Erfahrungen und Wertevorstellungen des Autors. Diese mögen dem Leser zu persönlich sein. So kann er sie auch in eigener Betrachtung ergänzen oder ersetzen.

Prolog

1.
Hochkulturen

Hochkulturen keimen bevorzugt auf, wo sich unterschiedliche kulturelle Strömungen begegnen.

Die Ägypter entwickelten ihre erste Kultur im dritten Jahrtausend v. Chr., nachdem sich verschiedene Herrschaftsclans zusammengeschlossen hatten.

Der Austausch innerhalb der Stadtstaaten hat zur ersten griechischen Hochkultur geführt.

Die römische Kultur ist ohne die griechischen Einflüsse nicht denkbar, wurde dabei auch von anderen am Mittelmeer angesiedelten Völkern befruchtet.

Das Völkergemisch der Juden hat nach dem Auszug aus Ägypten in ihren Wanderungen durch die Wüste und danach im verheißenen Land zu ihrer ersten Zivilisation gefunden. In der Babylonischen Gefangenschaft wurden ihr Flügel verliehen, und im Mittelalter entwickelte sich die jüdische Hochkultur in der Diaspora.

Die mitteleuropäische Hochkultur entfaltete sich, wo Menschen aus verschiedenen Staaten und unterschiedlicher Herkunft im Austausch miteinander standen.

Kultur entwickelt sich im bewegten Geist, wo ausgetretene Wege verlassen und neue gesucht werden. Sie ist ein Merkmal des unaufhaltsamen Werdens, der Evolution.

Der Niedergang einer Hochkultur war immer Erstarren, das von Potentaten zur Sicherung ihrer Macht herbeigeführt wurde. Mangelnde Vielfalt lässt Hochkulturen zur Monokultur verkümmern.

Machtbesetzte Päpste haben die Kirche gelähmt. Bewegung war nur in geschützten oder unbeachteten Refugien möglich. Im Fortgang der Aufklärung und Säkularisierung ist heute das katholische Fußvolk ihren Oberen bereits vorausgeeilt. So haben in Irland die Menschen für die gleich-geschlechtliche Ehe gestimmt. Das Verständnis zwischen oben und unten ist in unrealistischen und machtgeilen Ansprüchen der Oberen verdunstet. Die Spiritualität blieb auf der Strecke.

Wie weit wird sich die Kirche unter Papst Franziskus den volksnah gewachsenen Werten wieder nähern? Wo Spiritualität, zeitgemäße Seelsorge und Ethik den Bedürfnissen der Menschen entgegen kommen sollten, klafft ein Vakuum. Auch das soziale Engagement der Kirchen kann es nicht füllen. Es gleicht nur Versäumnisse der Politik aus, und dies lückenhaft.

Der Strom des Lebens ist ein Schöpfungsakt. Die Schöpfung will verwirklichen. Erfahrungen und Erkenntnisse münden im Fluss des Werdens. Hier kann eine zeitgemäße Spiritualität wieder ihren Platz finden.

Im Stillstand versäumen wir die Schöpfung.

Moderne zeitgemäße Seelsorge will die Menschen auf dem Weg des Werdens begleiten. Erkennen führt zum Werden. Dies mag sich auch auf unbekannten Wegen vollziehen, die vielleicht nicht nur, aber auch spirituell erkennbar sind.

Kulturelle Entwicklungen gehen in der Regel von unten aus. Sie blühen auf, wenn sie von oben gefördert, zugelassen oder zumindest nicht blockiert werden. Weil Fehlentwicklungen möglich sind, bedarf es der Vielfalt. Nur in der Vielfalt kann sich das Bessere gegen das Gute durchsetzen.

Dies ist das Prinzip der Schöpfung.

Jeder Zugewinn an Wissen ordnet uns neue Verantwortung für uns selbst und die Schöpfung zu.

Als Wissende sind wir nicht nur der Umwelt, sondern auch dem eigenen Werden verpflichtet.

2.
Diktatur und Vielfalt

Es ist unsere Aufgabe, die Vielfalt zu verteidigen.

Gerade in unserer Zeit konzentrieren sich Konzerne, politische Strömungen, Wirtschaftsräume, Religionen und Ethnien zu Machtblöcken, die den Menschen bequeme selbstbestätigende Identifikation anbieten, sie dabei freilich zu verführbaren, am Ende missbrauchbaren Herdentieren macht.

Die Vielfalt ist die natürliche Feindin der Diktatur. Weil sie Kontrolle erschwert oder unmöglich macht, liegt es im Wesen der Diktatur, die Vielfalt zu unterdrücken. Dabei ist es gleichgültig, ob ein Tyrann oder eine machtbesetzte selbstgerechte Gruppe das Sagen hat.

Eine erstarrte Monokultur ist immer das Merkmal der Tyrannei. Es kann ein Despot sein. In unserer Zeit müssen wir allerdings erkennen: Es gibt auch die Tyrannei der gierigen Machtstrategen aus der Welt der Finanzwirtschaft und globalen Konzerne.

Dort wo Entscheidungen ausschließlich dem finanziellen Gewinn dienen, agieren sie im Gehäuse der Demokratie. Durch Täuschung, Fehlinformationen, Korruption, Handelsverträge und Verleumdungen wird Ethik ausgehöhlt und Platz geschaffen für Vorteilsnahme und Entrechtung der Bürger.

Auch vor Kriegen schrecken diese Kräfte nicht zurück.

In kultureller Vielfalt kann und soll der Mensch seine Neigungen und Fähigkeiten entdecken und seine Individualität entwickeln. So wie wir schon bei der Geburt verschieden konditioniert sind, sollen Entwicklungen in unterscheidbare Richtungen möglich sein.

Dafür braucht gerade der junge Mensch ein sozial gesichertes Umfeld. Es geht um den Freiraum, in dem sich jeder orientieren und entfalten kann, sich bestätigt findet und der auch die soziale Gesellschaft rechtfertigt.

Die grenzenlose Freiheit gibt es freilich nicht. Wer sich gegen die Schöpfung wendet, muss trotz aller Nächstenliebe korrigiert, wenn notwendig reglementiert werden. Leitfaden ist die Ethik. Die Bergpredigt kann hier die Richtung weisen.

An das individuelle Bewusstsein gebundene Verantwortung soll kontrollieren und korrigieren. So kann sie zur Krönung der Persönlichkeit führen.

Verantwortung tragen ist Privileg und Pflicht der Bürger. In der Verantwortung für das Geschehen entwickeln wir die Bausteine für die Ethik in unserer Zeit.

Eine funktionierende Demokratie braucht auch kulturelle Vielfalt und muss sich an ihrer gemeinsamen getragenen Ethik messen lassen.

Die Ethik darf sich nur hin zur Menschlichkeit, niemals rückwärts bewegen.

Hier liegt ein bedeutsames Problem bei der Integration von Flüchtlingen. Wo geltende Ethik Toleranz gegenüber Andersgläubigen gebietet, darf der Andersgläubige weder Blutrache noch Kinderehen einführen, und schon gar nicht die in seinen Augen „Ungläubigen" verachten, und sei es noch so sehr in seiner religiösen Identität verhaftet. Hier muss sich der Immigrant vom Missbräuchlichen seiner Identität lossagen, sonst bleibt die Integration misslungen.

Integration bedeutet hier Erweiterung der Identität durch Individualisierung in Verantwortlichkeit.

In der Suche nach Gott muss das Innere zum Äußeren finden und das Äußere zum Inneren.

Auch die Vielfalt ist in Gottes Wesen, das auch dabei nur einen Nenner hat: die Liebe.

Schuld

1.
Die Schuld der Deutschen

Die Deutschen stehen schuldig vor der Welt. Sprachlos können sie ihre Schuld nicht bekennen. Es dominiert das Schweigen.

Eine Schuld anzunehmen und zu formulieren ist jedoch notwendig, damit sich auch die Opfer im Verzeihen von ihrem Trauma befreien können.

Die individuelle Schuld der Naziverbrecher mag teilweise aufgearbeitet worden sein. Die kollektive Schuld, sie ist keine spezifisch deutsche, wird kollektiv verschwiegen.

Jüngere Generationen stehen erschüttert und mit zerrissenen Herzen vor der Schuld ihrer Eltern, Großeltern und Urgroßeltern. „Wie konnte es passieren", fragen sie und stehen allein gelassen vor der Mauer des Schweigens.

Den Älteren hat es die Sprache verschnürt.

Sie sehen sich beschuldigt, ohne eine Untat getan zu haben. Ihre Versuche sich zu rechtfertigen wurden zu oft als Leugnen der Untaten missdeutet.

Mit ihrem Schweigen wehren sie sich nun gegen die Schuldzuweisung an das Kollektiv, dem sie sich nicht entziehen wollen oder können. Sie sehen freilich sehr wohl, dass menschliche Nachlässigkeiten, Schwächen und Versäumnisse die Verbrechen der Machthaber erst möglich gemacht haben.

Menschliche Nachlässigkeiten, Schwächen und Versäumnisse taugen nicht als Entschuldigung für die Verbrechen des NS-Regimes.

Und doch müssen wir erkennen, dass genau die zur größten Katastrophe in der deutschen Geschichte geführt haben.

Nach der Befreiung des KZ Buchenwald brachten alliierte Soldaten Einwohner aus Weimar auf das Gelände, um ihnen angesichts der Toten die Schuld der Deutschen, aufzuzeigen. Die Menschen konnten nicht hinsehen, diese Schuld war untragbar.

Das Wegsehen mag den Menschen damals geholfen haben, zu überleben. Auf historische Dauer ist Wegsehen und Schweigen keine Lösung.

Viele Menschen haben während der Naziherrschaft gelitten, viele sind zerbrochen. Da mögen Teile meiner Darstellung als unzulässige Verallgemeinerungen erscheinen. Es ist nicht mein Ziel zu verharmlosen, sondern die Folgen des Schweigens aufzeigen.

Im Namen der Deutschen wurden grausige Verbrechen begangen. Eine kollektive Schuld ist nicht justiziabel. Wir weisen die Darstellungen eines mordlüsternen deutschen Volkes zurück, und doch ist eine Schuld geblieben. Wir müssen sie formulieren und bekennen, damit die Opfer verzeihen können.

„Das geht mich nichts an. Damit habe ich nichts zu tun", mag so mancher sagen und verweigert damit seinem historischen Erbe die Annahme.

Dieses Erbe ist aber nicht nur NS-Verbrechen, Holocaust und Weltkrieg, sondern auch Bach, Beethoven, Goethe, Schiller, Hölderlin, Kant, Nietzsche. Von Albertus Magnus bis zu den Geschwistern Scholl spannt sich der Bogen der historischen Persönlichkeiten, deren Erben wir ebenso sind. Dieses Erbe ist ein Ganzes. Wir können es nicht teilweise annehmen.

70 Jahre danach fragen die Kinder, Enkel und Urenkel immer noch fassungslos, wie es geschehen konnte, und stehen allein gelassen vor der Mauer des Schweigens.

Wir, die nachfolgenden Generationen, dürfen uns dem historischen Erbe nicht verweigern, wenn es uns nicht zum unbegreifbaren Volk von Mördern stempeln soll.

Dem unfassbaren Leiden der Opfer steht das hilflose Schweigen der Deutschen gegenüber. Die Waage steht nicht im Gleichgewicht. Indem wir aus dem Geschehenen lernen und uns nicht selbst im Wege stehen, können wir auf Verständnis hoffen. Wir haben die Lehren aus unserer Geschichte zu verinnerlichen.

Gerade heute, da sich rechtslastige Gruppierungen wieder aus dem Hinterhalt wagen, müssen wir uns erinnern. Je mehr wir uns von der Tagespolitik abwenden, umso mehr geben wir den subversiven Kräften Raum für ihr unheilvolles Wirken.

Können sich Menschen begegnen, ohne aneinander schuldig zu werden?
Können wir in unserer Not die Würde des Anderen erkennen?

Ein Bekenntnis ist notwendig, damit zuletzt nicht alles umsonst gewe-
sen sein möge.[1]

---

[1] Berthold Auerbach (1812-1882) beklagte die misslungene Integration der
Juden mit den Worten: „Es ist alles umsonst gewesen."

2.
Was ist geschehen?

Kollektive bilden sich spontan bei gemeinsamen Interessen und Neigungen. Sie manifestieren die Vielfalt der Gesellschaft und haben Gestaltungskraft.

Auch die politische Macht stützt sich auf Kollektive, die zum Zweck als politischen Parteien geschaffen und gepflegt werden. Interessen, auch egoistische, und Gestaltungswillen werden durch demokratische Wahlen legalisiert. Dies kann nicht verhindern, dass Minderheiten benachteiligt, sogar ihrer Grundrechte beraubt werden. Deshalb braucht die Demokratie Korrektive, ethische und moralische Werte, die von Kirchen, Religionen, Künstlern und herausragenden Persönlichkeiten vertreten, in der Verfassung verankert, und vor allem von einer unabhängigen Presse dargestellt und in die öffentliche Diskussion getragen werden.

Individuell ausgeprägte verantwortungsbereite Persönlichkeiten sind ganz besonders gefragt, wenn Kirchen im Machtstreben opportunistisch werden, oder der Presse die Unabhängigkeit mangelt. Heute werden zuweilen mutige Journalisten mit Strafverfolgung wegen Geheimnisverrates gezwiebelt.

Um individuell verantwortungsbereite Menschen auszuschalten, greifen gewissenlose Machtstrategen gerne zu einer diabolischen Methode, die ich Ausschaltverfahren nennen möchte. Sie nennen unbequeme Individualisten Verschwörungstheoretiker, Gutmensch, Putinversteher usw., um sie aus der anerkannten rechtschaffenen Gesellschaft auszuschließen. Sie verweigern dem, der nicht konform ist die Anerkennung als anerkanntes Mitglied der Gesellschaft. In der NS-Zeit waren es Begriffe wie Volksschädling, Zigeuner, Jude, Kommunist usw., mit denen Unbequeme geschmäht und die Konformen versammelt wurden.

Derartige Entwürdigung ist ein unzulässiger, bei bequemlichen Demokraten indes verbreiteter Ersatz für sachliche Argumente.

Da sind wir beim Kollektiv der selbstgerechten rechtschaffenen Gesellschaft angekommen, die manchmal nicht fähig, oft zu bequem ist, um sich eine eigene Meinung und individuelle Verantwortung zu leisten.

Die Rechtschaffenheit des mündigen Bürgers ist mit seinem Gewissen und seiner Verantwortlichkeit abzugleichen. So wird sie zum Ausdruck der profilierten Individualität.

Wer um diese Dinge weiß, kann nicht im Paradies der Unwissenden verharren. Er muss aus der Anonymität treten, seine Überzeugung darstellen und mit Argumenten kämpfen.

Kollektiv macht sich schuldig, wer als Kollektiv handelt, wegsieht, schweigt oder Verantwortung ablehnt.

Das ist keine neue Moral, sondern die Moral, die in der Zeit des aufkommenden Nationalsozialismus nicht ausgeprägt und auch nicht angenommen war.

Wie konnte sich die Mehrheit unseres Volkes auf ein Kollektiv ohne individuelle Verantwortung versimpeln?

Die Freiheit des Menschen ist begrenzt, indem er einem Kollektiv zugehört. Das Kollektiv bindet. Die Gemeinschaft von Gleichgesinnten bietet Schutz und Nestwärme. Diese Vorteile waren von Anbeginn und sind bis heute das Fundament von Machtstrukturen, also von Unfreiheit.

Kollektives Empfinden ist ein archaischer Teil des Menschen, bleibt dabei indes der Anfang des Weges zum individuellen Bewusstsein. So war im Mittelalter, von herausragenden Persönlichkeiten abgesehen, die Individualisierung nur marginal z. B. in der Bildung von Zünften, d. h. von kleinen Kollektiven innerhalb großer Kollektive erkennbar. Der Weg wird zum gereiften individuellen Bewusstsein führen.

Durch die Aufklärung, erst recht durch die Ideale der Französischen Revolution wurde die Individualisierung beschleunigt. Sie führt zur individuellen Identität. Trotz Rückschlägen wird sie nicht aufzuhalten sein. Sie annehmen, bewusst machen und mit Verantwortung legitimieren und gestalten ist eine Aufgabe des modernen Menschen. Die wahre Freiheit gibt es nicht ohne die Bereitschaft zur Verantwortung. Auch das Menschsein muss verantwortet werden.

Religiös und ethnisch angelegte Kollektive sind oft deckungsgleich. Vorurteile aufbauend werden sie von bedenkenlosen Machthabern bis in unsere Zeit zur Verankerung von Machtansprüchen missbraucht.

Die antisemitische Gesinnung hat sich auf diesem Weg bis heute am Leben gehalten.

Wie unheilvoll rassistische und religiöse Vorurteile sind und wie sie missbraucht werden, zeigt die endlose Liste von Kriegen in unserer Geschichte. Dabei waren es immer die machtbesetzten Potentaten, die Kriege angezettelt und zu verantworten hatten.

Der Mensch steht zwischen der Unfreiheit im Kollektiv und der absoluten Freiheit, die er nur in absoluter Einsamkeit erreicht (und dort bleibt er sein eigener Gefangener).

Die Gemeinschaft absolut freier Menschen setzt ethische Qualitäten voraus, die uns im dafür notwendigen Maß noch nicht gegeben sind. Die Erschaffung des Menschen ist nicht vollendet.

Diese Einsicht mag an dieser Stelle tröstlich erscheinen.

Politisch orientierte Kollektive sind unverzichtbar, stellen sich indessen gegen unsere Individualität. Sie sind sozial, religiös und gesellschaftlich fundiert, werden zuweilen auch durch äußeren Druck auferlegt.

Die Auflastung von unerfüllbaren Wiedergutmachungen durch die Versailler Verträge nach dem Ersten Weltkrieg verdammte die Deutschen zu einem verzweifelnden Schuldenkollektiv. Sie wurden gedemütigt und ausgebeutet. Dies rechtfertigt keine Nazi-Verbrechen, ist aber eine Rückentwicklung vom individuellen zum kollektiven Rechtsempfinden.

Die englische Historikerin Margaret MacMillan lobt in ihrem Buch „Die Friedensmacher" den friedensstiftenden Wert der Versailler Verträge von 1919. Die auferlegten Reparationen seien gar nicht so schlimm gewesen, schreibt sie und ist der Ansicht, die Sieger hätten damals Deutschland besetzen müssen, damit die Deutschen auch gemerkt hätten, dass sie den 1. Weltkrieg verloren haben. Sie rührt in der ekelhaften Suppe von engstirniger Rache der siegreichen Völker an den unwürdigen Besiegten.

Hundert Jahre nach der Katastrophe verweigert sie sich immer noch der Einsicht, dass Kriege nicht von den Menschen, sondern von Potentaten verantwortet werden müssen. Kriegsstifter haben einen Namen. Historiker müssen sie nennen und ihre Motive offen legen.

Ich kenne keinen einzigen Menschen der, ohne verführt oder aufgehetzt zu sein, bereit war oder ist, seinen Arbeitsplatz oder seinen Acker zu verlassen und zum Töten in den Krieg zu ziehen.

In der Bilanz der Versailler Verträge zeigt sich, wie furchtbar sich primitive Rache- und Machtmotive auf anstehende, noch nicht vollzogene Evolutionsschritte des Menschen auswirken. Aus der damaligen Zeit genommen, stand dieses Thema später mit schmerzenden Begleiterscheinungen wieder vor unserer Tür.

Nach dem Schuldspruch von Versailles hatten die Deutschen die Entstehung der nationalsozialistischen Kräfte zugelassen, indem sie sich wieder in das Kollektiv der naiven autoritätsgläubigen Untertanen einreihten. „Führer befiehl, wir folgen dir", sangen die Kolonnen.

War es die Sehnsucht nach der paradiesischen Unschuld vor dem ersten Sündenfall, als die Menschen unwissend, noch nicht fähig waren, Schuld zu empfinden?

Die Ausgestaltung zur verantwortenden Individualität, die sich im Fortgang der Französischen Revolution hätte entfalten sollen, wurde ein weiteres Mal gelähmt.

Inflation, Arbeitslosigkeit, das Scheitern der Weimarer Demokratie, in der die „Untertanen" zu selbstverantwortenden Menschen hätten aufblühen sollen, ließen am Ende die Wahl zwischen dem linken Radikalismus und der rechten Blut und Boden-Ideologie.

Beide waren essenziell angelegt. Die einen als Arbeiterklasse, die anderen als germanische Rasse. Es gewannen die von Kapital und Industrie begünstigten Rechten. Die Aussicht auf höhere Gewinne hat wohl den Weg gewiesen.

Es war aber auch der alte Vertretertrick, mit dem die NS-Strategen die Menschen in flammenden Reden übertölpelten. Man nennt es die „Ja-Straße".

Die funktioniert beim Staubsauger-Vertreter, indem er zu Beginn des Verkaufsgespräches nur Dinge feststellt oder abfragt, die der Käufer mit Ja beantworten muss, um am Ende mit dem letzten Ja den Verkauf perfekt zu machen.

Beispiel:
Allergien bedrohen die Menschen immer mehr! – ja.
Es ist wichtig, in staubfreien Räumen zu leben. – ja.
Sie wollen doch, dass ihre Kinder gesund leben? – ja.
Da brauchen Sie einen guten Stausauger – ja.
Dann ist unser Staublux genau das richtige Modell für Sie!

In der damaligen politischen Agitation hörte es sich so oder ähnlich an:
Deutschland wird von den Siegermächten ausgebeutet.- ja
So werden wir über Generationen verarmt bleiben.- ja
Arbeitslosigkeit und Unruhen sind die Folgen. - ja
Wer die Versailler Verträge akzeptiert, ist ein Verräter.- ja
Wir werden wieder für Ruhe sorgen - ja
Wir werden die Ehre des deutschen Volkes retten. - ja
Deshalb brauchen wir einen Führer!

Dieser Vertretertrick wurde von vielen durchschaut, trotzdem schweigend hingenommen. Er wurde auch mit Bezug auf andere Themen angewendet.

Mit Hitlers Machtübernahme begann der Krieg gegen die Menschlichkeit. Aus dem Schuldenkollektiv heraus formierte sich wieder einmal mehr ein aggressives rassistisches und antisemitisches Kollektiv.

Dabei erscheint besonders teuflisch, dass dieses Kollektiv mit demagogischer Agitation von den Nazis selbst zurecht geformt worden war.

Auch im 21. Jahrhundert ist der Mensch gegen solche Verformungen nicht gefeit. Terroristische Anschläge nicht nur in den neuen Bundesländern schrecken auf und sind abstoßend.

Da genügt es nicht, aus hoher Warte der eigenen Moral zu verurteilen.

Eine seriöse Ursachenforschung zeigte, dass potentielle Terroristen sich wegen gesellschaftlicher und sozialer Ausgrenzung den radikalen Gruppen anschließen, die ihnen eine würdige

Identität anbieten. Das ist die uralte Methode der Machtstrategen, Menschen zu verführen und unter ihren Einfluss zu
bringen.

Andere Beispiele zeigen, wie die Menschen mit einseitiger
Berichterstattung und gefilterten Hammernachrichten für unsoziale Gesetze, grausame Flüchtlingspolitik, demokratiefeindliche
Verträge und die Akzeptierung von kriegerischen Aktionen
weichgeklopft werden.
Es gibt keine Rechtfertigung für kriegerische Aktionen. Sie
wird den Menschen nur vorgetäuscht.

3.
Ein unheilvoller Aufbruch

Ein unheilvoller Aufbruch bewegte im Jahr 1933 das Volk. Neues kollektives Bewusstsein etablierte sich. Rechtschaffene, Rechtgesinnte, Rechtempfindende sammelten sich bei den Rechten. Deren Ideologie schuf neues Selbstbewusstsein, aber auch Unrechte.

Dies wollte man nicht sehen.

Die Anfeindungen der Juden durch christliche Religionsführer mögen die Seelenforscher in dunkelste Abgründe führen. Macht am Leiden des Anderen spüren ist einer davon. Sie waren immer Nährboden für Judenverfolgungen in Europa. Mit der Lehre des Jesus von Nazareth haben sie nichts zu tun.

Christlichen Religionen haben das kleine Jesuskind Jahrhunderte lang mit blonden Locken, und die Juden als finstere Gottesmörder dargestellt. Das Jesuskind hatte aber keine blonden Locken, und die Juden haben dem Gottessohn beim Einzug in Jerusalem mit „Hosianna" zugejubelt.

Es waren nicht „die Juden", die ihn umgebracht haben, sondern machtgeile Despoten mit der Zustimmung von notorischen Hurraschreiern.

Da kann man zwischen „Hurra" und „Kreuziget ihn" keinen Unterschied erkennen.

Martin Niemöller beschrieb die Situation treffend:

„Als die Nazis die Kommunisten holten, habe ich geschwiegen; ich war ja kein Kommunist.

Als sie die Sozialdemokraten einsperrten, habe ich geschwiegen; ich war ja kein Sozialdemokrat.

Als sie die Gewerkschaftler holten, habe ich geschwiegen, ich war ja kein Gewerkschaftler.

Als sie mich holten, gab es keinen mehr, der protestieren konnte.“

Unzulässige Vereinfachung war schon immer die Methode der Demagogen, um die Menschen gegen eine Minderheit aufzubringen. Die Menschen haben sich nicht gegen die Unrechte an anderen gewehrt.

Unrecht zulassen heißt Unrecht verantworten.

Die Schuld heißt: **Bequemlichkeit.**

Während der Naziherrschaft gab es Parteigenossen, Nutznießer, Hurraschreier, schweigende Gegner und wenige, die ihre Meinung sagten.

Die Hurraschreier waren laut und zahlreich, zahlreicher die schweigenden Lämmer. Schnittmengen waren in vielen Varianten und auch zeitlich begrenzt erkennbar.

Es gab seelisch geschädigte Kriminelle. Das krankhaft Geltungssüchtige, Selbstgerechte, und Sadistische fand sich bei Menschen ein, die unversehens in eine Machtposition gerieten, denen sie moralisch nicht gewachsen waren. Sie wüteten als Ideologen, Aufsicht in Konzentrationslagern, als Soldaten bei der Armee und Blockwarte gleichermaßen.

Als Repräsentanten der germanischen Rasse wurden die Deutschen von einer machtbesessenen selbstherrlichen „Elite" zu Herrenmenschen erklärt. Auserwählt vom Allerhöchsten den Rest Europas (wenn nicht der ganzen Erde) zu beherrschen und mit deutschen Tugenden zu durchdringen.

Ist es bemerkenswert, dass diese Ideologie bei Geknechteten Nährboden fand, die nach dem verlorenen Ersten Weltkrieg am meisten gedemütigt wurden? Keiner sehnt sich mehr danach, ein Herr zu sein, als der Knecht.

Unter dem Thema „Herr und Knecht" lässt sich Menschenwürde nicht darstellen.

Macht ist eine unbewältigte Versuchung. Jeder findet sie schlecht, wenn er ihr unterworfen ist, und jeder gut, wenn er sie ausüben kann.

Macht ist nicht überzeugend, sondern gewaltsam. In unserer Sprache hat sie sich in dem Begriff: schlagendes Argument niedergelassen.

Überzeugend ist die Autorität der Wahrheit, dies umso mehr, wenn sie aus der Liebe kommt.

Diese Einsichten waren in der Entstehung des NS-Regimes nicht präsent. Nach zweitausend Jahren Christentum waren die einfachsten Lehren noch nicht begriffen oder wieder vergessen.

Die Schuld heißt: **Machtgier**

Unscheinbare Menschen sind per se nicht auch bescheiden. Das Bedürfnis wahrgenommen zu werden, verführt zu unsozialem Verhalten. Als Denunzianten sind sie geltungssüchtig und selbstgerecht. Das macht sie besonders gefährlich.

Denunzierend ducken sie sich hinter der Obrigkeit. Ihr übertragen diese perfekten Untertanen alle Verantwortung und kennen deshalb keine Skrupel.

In der NS-Zeit waren sie die Nützlinge für Ehrgeizlinge, die an ihrem Schreibtisch ihre Seele für eine Sprosse auf der Karriereleiter verkauften.

Die Schuld heißt: **Selbstgerechtigkeit**

Diktaturen bauen auf die mangelhaft ausgebildete Individualität ihrer Untertanen. Individualisten unterwerfen sich einer Diktatur nur unter Gewalt oder wenn ihre Identität mit dem gewaltsamen System vereinbar ist.

Menschen mit mangelhafter Individualität sehnen sich nach Zugehörigkeit, einer Identität mit einem starken Kollektiv.

Die Darstellung der germanische Rasse als Herrenrasse vermittelte ihnen Erhabenheit, gewissermaßen die Nähe zu Gott via Abstammung. Dies ist die primitivste Begründung eines Machtanspruches, zugleich die verantwortungsloseste und unmenschlichste.

Die Schuld heißt: **Rassismus**

Die Herrenrasse musste gereinigt werden, um sich als solche präsentieren zu können. Rassenhygiene wurde verkündet.

Ab September 1941 mussten alle Juden über sechs Jahren den gelben Judenstern tragen.

Der Rassismus wurde sichtbar gemacht und nur wenige sind für ihre jüdischen Mitbürger eingestanden.

Es störten nicht nur so definierte rassische Minderheiten, es störten auch geistig Behinderte.

Mit der Deklaration des „Unwerten Lebens" wurde die Euthanasie begründet.

Die Schuld heißt: **Gleichgültigkeit,**

Wer die Reden der Nazipolitiker gehört, die Hetzschriften, allen voran das unsägliche Kampfbuch Hitlers gelesen hatte, musste wissen: Das ist nicht recht. In der Hoffnung selbst dem Unrecht zu entgehen, darf das Unrecht an Anderen nicht hingenommen werden.

Aber die Lämmer haben geschwiegen.

Sie waren ja nicht betroffen.

Betroffen waren nur die Anderen: Behinderte, Juden und Zigeuner, Volksschädlinge allemal.

Um die war es nicht schade.

Die Schuld heißt: **Kaltherzigkeit.**

Immobilien wurden zu Schleuderpreisen verkauft. Es wurde erpresst, enteignet, versteigert, geraubt.

Natürlich konnte man sich am Eigentum der entrechteten Juden bereichern. Sie wurden aus ihrem Besitz gejagt und durften nichts mitnehmen.

Da war die „Deportation zum Arbeitseinsatz im Osten" leichter gutzuheißen.

Die Schuld heißt: **Gewinnsucht**

Deutschland im Krieg

1.
Viele Siege und eine Niederlage

Ob der Krieg die Zeit angehalten hat? Vielleicht hat er sie aufgefressen. Der Krieg ist das gefräßigste Ungeheuer. Warum sollte er nicht die Zeit aufgefressen haben?

Das Leben im Krieg reduziert sich auf das Überleben. Dem opfert es seine wichtigste Aufgabe: das Werden. Im Krieg entfalten sich die Menschen nicht mehr in ihren Erfahrungen. Sie werden von der Angst beherrscht.

Der inszenierte Waffenkrieg ist nur mit missbrauchten, stumpfsinnig gemachten Kollektiven möglich. Es gibt keine hehren Ziele, die einen Waffenkrieg rechtfertigen. Nur in der Selbstverteidigung sind Waffen erlaubt.

Im Kriegsdienst werden die Menschen zu Kadavergehorsam gezwungen und auf diese Weise enthemmt.

Die Gegner in Ost und West hatten die Deutschen wieder einmal unterschätzt und waren auf diese Schlagkraft nicht vorbereitet. Die sonst so tapferen Franzosen ließen sich zudem durch geheimdienstliche Fehlinformationen einschüchtern.

Schnelle militärische Erfolge in Polen und Frankreich, die Einnahme von Dünkirchen, Flucht der Briten versetzte die Massen in Euphorie und machte nur Wenige nachdenklich.

Bei manchen weckten die Fantasien wollüstige Hoffnungen. Sie träumten sich als Herr über Land und slawischen Untermenschen. Lebensraum im Osten für die germanische Herrenrasse wurde versprochen.

Der Krieg machte einen Teil der Menschen zu Raubtieren, andere zu Hel(fen)den.

Die Überlebenschance der Raubtiere ist vermutlich höher als die der Helden.

Ob bei dieser Selektion die humanen Gene in der Bevölkerung gegenüber den Raubtiergenen geschwächt werden, bleibt offen. Nach dem Krieg werden die meisten Raubtiere wieder zu Menschen. Danach ist die Unterscheidung schwierig.

Schon Napoleon musste lernen, dass Eroberungskriege gegen Russland nicht zu gewinnen sind. Die Nazis hatten sich in eine Überheblichkeit hinein geredet, die sie unbelehrbar machte.

Nach der Katastrophe von Stalingrad wurde dieser Name zum finsteren Mythos.

Die vermissten Männer, Söhne, Brüder erschienen im Synonym: Stalingrad. Man wusste, dass die meisten nicht mehr zurückkehren würden. Trotzdem hoffte jeder, dass sein Angehöriger verschont bleiben möge, verschont vor dem Schlimmsten.

Aber was war in Stalingrad das Schlimmste?

Die älteren Soldaten und Veteranen aus dem Ersten Weltkrieg sahen den Anfang vom Ende.

Der GröFaZ[2] ließ seine Propagandamaschinerie auf Hochtouren laufen. Wie sehr muss er Menschenleben verachtet haben, als er die Befreiung der eingeschlossenen sechsten Armee verbot, um deren Vernichtung als Signum der unbeugsamen Tapferkeit der arischen Rasse darzustellen.

Es war die erste große Niederlage des Krieges und das Merkmal der zerstörten moralischen Widerstandsfähigkeit der Deutschen.

---

[2] Größter Feldherr aller Zeiten! Mit diesem Lob hat sich der Generalfeldmarschall Keitel bei Hitler angedienert. Später wurde diese Abkürzung von Offizieren als Form von Galgenhumor verwendet.

2.
Das kann nicht sein

Nach der Katastrophe von Stalingrad fand der Frontenkrieg immer noch außerhalb Deutschlands statt. Alliierte Luftangriffe auf deutsche Städte wurden als Barbarei gegen die Zivilbevölkerung wahrgenommen. Nachrichten von Kriegsverbrechen der deutschen Wehrmacht an der Zivilbevölkerung im Ausland gab es nicht.

Erschießungen von Partisanen waren nach damaligem Kriegsrechtverständnis legal. <Wie selbst die französische Anklage und amerikanische Richter in Nürnberg urteilten, stellte allein die Erschießung gefangener Partisanen – selbst ohne Gerichtsverfahren – kein Kriegsverbrechen dar. Auch seien Geiselerschießungen und Repressalien im „angemessenen Rahmen" nach damaligem Kriegsrecht nicht generell verboten, allerdings auch nicht ausdrücklich erlaubt, gewesen.>[3]

In der Regel machten ja auch die Partisanen keine Kriegsgefangenen, dafür waren sie nicht ausgerüstet. Auch sie töteten. Sie waren weder an einer Uniform noch einem anderen deutlichen Zeichen erkennbar und wurden von den gegnerischen regulären Armeeangehörigen als hinterhältige marodierende Banden verstanden.

---

[3] Zitat aus Wikipedia, August 2015

41

Vor diesem Hintergrund ist das damalige Kriegsrecht zu verstehen. Erst wenn wir den Krieg selbst als illegale Aktion begreifen und ächten, werden wir vor solchem Kriegsrecht geschützt sein.

Die Kaltherzigen und Gierigen waren nicht die Mehrheit der Deutschen. Trotzdem wurde enteignet, verschleppt, versklavt und millionenfach gemordet.

Der Krieg war noch nicht zu Ende.

Niemals werde ich den Tag vergessen, an dem ich zum ersten Mal von Massenmorden hörte.

Die Invasion im Juni 1944 in der Normandie hatte zu Truppenverlegungen zwischen Ost- und Westfront geführt. Soldaten kamen durch unser Dorf. Am Spätnachmittag eines heißen Tages im Garten vor unserem Hause erzählte ein Soldat von Konzentrationslagern im Osten, wo Juden ermordet würden.

„Das kann nicht sein."

Meine Mutter schrie es gegen den Wahnsinn an. Ich, neun Jahre alt, saß mit taumelnden Sinnen daneben. Ich wurde in diesem Augenblick wohl gar nicht wahrgenommen.

Der Soldat wusste, dass er sein Wissen nicht öffentlich darlegen durfte, widersprach dennoch mit gedämpfter Stimme. Er wisse es ganz bestimmt, sagte er und je nachdrücklicher er dabei blieb, umso mehr eiferte meine Mutter gegen die unfassbare Wahrheit an.

Sie konnte, durfte nicht glauben. Solcher Schuld war sie nicht gewachsen.

Rührend und beklemmend erscheint mir heute die Vergöttlichung Hitlers, wie sie sich in der Äußerung eines anderen Soldaten zeigte: „Der Hitler wäre ja schon recht, aber die vielen kleinen Hitlerchen?!"

Fliegerangriffe, immer schneller aufeinanderfolgende Niederlagen an der Front, die plötzlich schnell wachsende Zahl der vermissten und gefallenen Soldaten bewegte die Menschen. Das war schlimm und musste ertragen werden.

Die Verbrechen der SS-Schergen waren nie Inhalt der täglichen Nachrichten gewesen.

Nun, wo alles den Bach hinunter ging, wurde dem gequälten blauäugigen Kollektiv vereinzelt in Andeutungen versteckt, und doch aus unheiterem Himmel eine gigantische Schuld aufgelastet.

Massenmord an Juden hatte niemand gewollt und ließ sich nicht einordnen.

Dafür gab es keine Schublade.

Wie soll man mit einer Schuld umgehen, von der bislang keiner etwas wusste? So manchem wurde nun klar: Man hatte seine Individualität aufgegeben, seine Verantwortlichkeit einem verbrecherischen System anvertraut.

Nun drohte eine grauenhafte Wahrheit ans Licht zu kommen. Man verdrängte, fühlte sich um seine Unschuld betrogen und schwieg.

Wurden nicht täglich wirre Falschmeldungen verbreitet. Wenn an die deutschen Wunderwaffen, die den Verlauf des

Krieges noch einmal wenden könnten, nicht mehr geglaubt
wurde, sollte man an Massenmorde in Konzentrationslagern
glauben?

Das Verstummen nahm seinen Anfang.

Vieles war unfassbar, und die Nazipropaganda benutzte den
unsäglichen Morgenthauplan[4] als Argument für die Durchhalte-
parolen.

---

[4] Henry Morgenthau jr., US-Finanzminister von 1934-1945, wollte
Deutschland zum Agrarstaat machen.

Es ging ums Überleben. Nach dem Krieg würde man weiter sehen.

In den Tagen vor dem Einmarsch der Franzosen musste der Bürgermeister unseres Dorfes vor deutschen Soldaten flüchten. Um die Zerstörung seines Dorfes zu verhindern, wehrte er sich gegen die untauglichen Versuche den Ort zu verteidigen und sollte deshalb wegen Hochverrates erschossen werden.

Am Ende kam es schlimm, wo es noch schlimmer hätte kommen können. In dem Neunhundertseelendorf sind neben der Kirche neun weitere Gebäude niedergebrannt.

Die nationalsozialistische Propaganda hatte die Mehrheit der Deutschen zum abgestumpften Kollektiv versimpelt.

Das Individuelle, das Verantwortung und Schuld annehmen oder ablehnen konnte, war der Obrigkeit, dem Kollektiv abgegeben.

Indem wir diese Individualität als unveräußerliches Privileg einfordern, befreien wir uns aus der Gefangenschaft in dieser Kollektivschuld.

3.
Am Ende des Krieges

Am Ende des Krieges schrumpfte die Zahl der Parteigenossen auf das unvermeidliche Minimum. Die lauten Hurraschreier, die als schlimmste Denunzianten agiert hatten, stellten nun fest, dass sie ja immer gegen die Nazis gewesen waren.

Sie wurden nicht müde auf Schuldige zu zeigen, an deren Schuld sie die eigene Unschuld darzustellen trachteten.

In meinem Roman „Der Suibroh" habe ich sie „die ganz besonders Unschuldigen" genannt.

Mein Vater, der von Idealen durchdrungene Nazi, hatte sich nach der Katastrophe von Stalingrad freiwillig an die Front gemeldet. Als die Franzosen in unserem Dorf einmarschierten, wussten wir noch nicht, dass er gefallen war. Meine Mutter mit ihren drei Kindern wurde mit verbalen Drohungen bedacht. „Man sollte euch alle aufhängen". Mein Bruder und ich wurden mit der Peitsche von der Straße gejagt. So muss früher Hexenjagd gewesen sein.

Wie so oft wurden nun wieder die aufdringlichen und lauten Menschen wahrgenommen. Menschen, die vorher mutig ihre Meinung gesagt und dabei überlebt hatten, verstummten vor diesem Geschrei. Sich da einzureihen war ihnen zuwider.

Dafür hatten Sie nicht ihr Leben riskiert.

Auch die schweigenden Lämmer erfuhren das Ausmaß der Verbrechen, die in ihrem Namen begangen wurden. Entsetzen lähmte die Sprache. Millionenfache Morde waren eine un(er)trägliche Last.

Niemand hat ihre Schuld so formuliert, dass sie hätte angenommen werden können. Sie verstummten.

Nur die Hurraschreier blieben sich treu. Sie denunzierten, „Hurra, wir haben ihn" und glauben heute noch an ihre Unschuld. Diese Gesinnungsakrobaten finden ihre Opfer bis in unsere Tage.

Zwei prominente Beispiele: Günter Grass und Walter Jens. Den Achtzigjährigen wirft man die (durch massive Propaganda ausgelöste) Verblendung der Achtzehnjährigen vor. Da könnte ich fast Helmut Kohls „Gnade der späten Geburt" zustimmen, betonte sie nicht schon wieder das Kollektiv zum Schaden der Individualität.

Am Ende des Krieges lagen unsere Städte in Trümmer. Die Identität als Deutscher gab uns angesichts der aufgedeckten Untaten der Selbstverachtung preis. Und so standen wir plötzlich auf einem Feld des wirtschaftlichen und moralischen Neubeginns. Die verworfene Identität des Deutschen hatte uns auf den bescheidenen Menschen zurückgeführt, der etwas schuldig geblieben war, sich selbst und der Welt. Zu dieser Identität können wir auch heute wieder zurückkehren.

Dann wäre es gut.

Nach dem Krieg

1.

Die Schuld des Wissens

Die Schuld der deutschen Bevölkerung am Krieg und an den Verbrechen gegen die Menschlichkeit war schon während des Krieges ein weltweit verbreiteter Konsens. Dies fand seinen schärfsten Ausdruck im Morgenthauplan.

Die Nürnberger Prozesse wurden als Stellvertreterprozesse gegen das deutsche Volk geführt und damals von den Deutschen auch so verstanden.

Dem Vorwurf der Kollektivschuld begegneten die Deutschen angesichts der ungeheuren Verbrechen mit Schweigen. Jeder Versuch einer Rechtfertigung lief Gefahr, als Leugnen der Verbrechen ausgelegt zu werden.

In seinem Buch „Hitlers willige Vollstrecker" schildert Daniel Goldhagen[5] noch vier Jahrzehnte nach dem Krieg den „ganz gewöhnlichen Deutschen" als potenziellen skrupellosen Massenmörder, was Mitte der neunziger Jahre zu heftigen Debatten führte. Anlässlich der Markteinführung seines Buches in Deutschland distanziert er sich zwar von dem Begriff Kollektivschuld, kann aber angesichts des Buchinhaltes nicht überzeugen. Demgegenüber stellt Norman Finkelstein[6] fest: „Dieses Buch ist

---

[5] Politwissenschaftler und Schriftsteller, USA
[6] Historiker, USA

ein Nichtbuch. Goldhagen bringt es fertig, nahezu alles was man über den Holocaust weiß, zu missdeuten."

Es ist bemerkenswert, dass einige Angeklagte bei den Nürnberger Prozessen ihre individuelle Schuld bestritten und stattdessen auf den Willen des deutschen Volkes verwiesen.

Sie wollten die Verantwortung für ihre Taten dem Kollektiv aller Deutschen anlasten. Dies zeigt, wie sehr diese Menschen im kollektivistischen, das heißt eben auch rassistischen, Denken gefangen waren.

Dies war in jener Zeit durchaus nicht nur eine deutsche Denkweise. Der rassistisch fundierte Morgenthauplan wurde zwar nicht durchgesetzt. Dennoch gibt es bis heute Versuche, die Deutschen als Volk von skrupellosen Mördern und Verbrechern anzuklagen.

Das ist ungerecht.

Wir dürfen jedoch die Unschuld nicht im Kollektiv der unschuldig Angeklagten suchen, sondern auch in dieser Situation die individuelle Schuld und Unschuld erkennen, indem wir fragen, wie weit wir heute die menschlichen Schwächen und Unzulänglichkeiten, die damals zur Katastrophe führten, überwunden haben.

Gerade in unserer Zeit gilt es, Vorurteile gegen fremde Kulturen zu unterdrücken.

Deutschlands Trümmerfrauen haben nach dem Krieg die letzten brauchbaren Dinge aus dem Schutt geborgen. Es waren, wie so oft, nicht die wirklich Schuldigen, die das Elend jener

Zeit tragen mussten. Es wurden auch nicht alle Schuldigen in Nürnberg verurteilt. Viele eifrige Macher haben sich abgeduckt, um nach kurzer Zeit als unverzichtbare Elite unseres Volkes zu erscheinen. Aus ganz unterschiedlichen Gründen haben sowohl die einen wie die anderen zur Frage der deutschen Schuld geschwiegen.

Es muss aber auch erwähnt werden, dass viele, die nicht schweigen wollten, in die Ecke der moralisierenden Wichtigtuer abgedrängt wurden.

2.

Die Tragödie hat zwei Seiten.

Die Tragödie hat zwei Seiten:

1. Verzeihen der Opfer setzt Bekennen der Täter voraus.

2. Die Opfer können sich aus ihrem Trauma nur befreien, wenn sie verzeihen können.

So sind Deutsche mit Juden und allen anderen Opfern schicksalhaft verkettet.

Die Fesseln können sich im Bekennen und Verzeihen zu humaner Verbundenheit wandeln.

Dies ist freilich nur verantwortungsbereiten Menschen möglich.

Mit Schweigen verharren wir im abgestumpften Kollektiv. Bar der Individualität verweigern wir uns das Werden zum verantwortenden Menschen.

„Es ist passiert – also kann es wieder passieren!" So brachte Primo Levi[7] seine Resignation zum Ausdruck.

Können wir schlafen, solange dieser Satz nicht widerlegt ist? Ist es nicht unsere Pflicht ihn jeden Tag und in allem Tun zu widerlegen?

---

[7] Schriftsteller, Italien

53

Das Schweigen der Deutschen kann nur durch die Anklage der Opfer und die Anklage der Opfer nur durch unser Bekennen Ausgleich finden.

Auch heute dürfen wir unsere Verantwortung für das aktuelle Geschehen nicht einer Regierung oder Religion und keinem anderen Kollektiv übertragen, um Ungerechtigkeit verantwortungslos und schweigend hinzunehmen. Damals wie heute gilt:

Die Schuld heißt: **Schweigen**.

3.
Kollektive Schuld

Juristisch ist die Kollektivschuld der Deutschen an den NS-Verbrechen als rassistische Darstellung zurückzuweisen. Schuld tragen die Verantwortlichen, die es gewollt, und Täter, die sich in deren Dienst gestellt haben.

In ethisch/anthropologischer Sicht lässt sich die deutsche Schuld so formulieren:

Im Schweigen sind wir uns das Werden schuldig geblieben. Nach den geschehenen Verbrechen müssen wir unsere individuelle Verantwortung für die Schwächen, die uns in die Katastrophe geführt haben, wahrnehmen.

Im Erkennen der Ursachen von damals können wir heute unsere Verantwortungsbereitschaft stärken.

Richard von Weizsäcker sagte in seiner berühmten Rede am 8. Mai 1985 vor dem Bundestag:

„Die Jungen sind nicht verantwortlich für das, was damals geschah, aber sie sind verantwortlich für das, was in der Geschichte daraus wird."

Die Schuld des Werdens

„Da sprach die Schlange zum Weib: Nimmermehr werdet ihr sterben. Gott weiß, dass am Tag da ihr davon esst, euch die Augen aufgehen und ihr werdet wie Gott, wissend um Gut und Böse." [8]

(…)

„Da sprach Gott, nun ist der Mensch geworden wie einer von uns, wissend um Gut und Böse." [9]

---

[8] Genesis 3, 4-6
[9] Genesis 3, 22

1.
Ein Akt der Menschwerdung

Wenn sich der Mensch durch das Wissen um Gut und Böse vom Tier unterscheidet, beschreibt die Bibel im Sündenfall einen Akt der Menschwerdung.

Determinismus war vor dem Sündenfall.

Jede Frucht vom Baum der Erkenntnis führt uns weiter in die Verantwortung. Der Weg führt von der Unschuld des Unwissenden zur Verantwortlichkeit des Wissenden. Wir bezahlen das Wissen mit unserer Schuldfähigkeit.

Wenn das Erkennen der Schuld und Verantwortung gleichauf sind, gewinnen wir die Souveränität, in der wir Freiheit und Würde finden. Darin liegt dann auch unsere Identität. Wenn wir uns verweigern, entziehen wir uns dem Prinzip der Schöpfung, die uns zum unerreichbar scheinenden Ziel der Vollkommenheit führen will.

Die Weimarer Republik musste versagen, weil Freiheit, Gleichheit und Brüderlichkeit unzulänglich präsent waren.

Die Menschen in Deutschland waren in den Strukturen des Machtdenkens gefangen und konnten sich diesen Werten nicht öffnen.

Die Kommunisten verrieten Sie durch ihr absolutistisches Auftreten und die Sozialdemokraten kamen auf ihrer Schmalspur bei religiös orientierten und spirituell bedürftigen Menschen nicht an.

Auf der anderen Seite haben sich die Kirchen aus Angst vor Substanzverlust verweigert. Die Aufklärung wurde von den Klerikalen als Teufelswerk dargestellt, weil sie ihren Einfluss gefährdet sahen.

Die wahre Freiheit des Menschen liegt in der Fähigkeit, Gut und Böse zu unterscheiden und sich für das eine oder andere zu entscheiden. In der Vergangenheit mag ihm ein Kollektiv diese Entscheidung abgenommen haben. Die Geschichte zeigt, das Böse (hier möchte ich es Unglück nennen) hat sich im Kollektiv, wo individuelle Verantwortung fehlt, erhalten. Solange Kollektive für uns entscheiden, was gut und böse ist, sind wir unfrei. In dieser Unfreiheit bleiben wir schuldig am Werden zum individuell verantwortlichen Menschen.

Es zeigt sich die Schuld des Werdens. Dieses Werden ist Ziel und am Ende das einzige Ergebnis des Lebens. Das Ungewordene wird zum Karma und gestaltet die Bedürfnisse, die uns bei einer Reinkarnation in die Wiege gelegt werden. Der spirituell geschulte alte Mensch wird sich angesichts des immer kürzer werdenden Weges fragen, ob seine verbliebenen Ziele vor oder hinter der Grenze liegen, um sich für das Kommende zu öffnen. Er weiß, die Frucht vom Baum der Erkenntnis zu essen, ist nicht immer bequem, aber im Werden finden wir das Glück.

Das Glück im Werden erfährt das Kind und der Erwachsene, wenn es ihm gelingt, eine Aufgabe zu lösen. Zur Offenbarung wird es im Liebesakt, wo neues Leben bereitet wird. Eine misslungene Lösung macht nicht unglücklich, solange es zu neuen

Versuchen anspornt oder zur Einsicht führt, dass eine Aufgabe unlösbar bleibt. Es ist Lernen und deshalb Werden.

Da liegt so manche Lösung auch im Vertrauen auf Gott.

„In Ihm war Leben und im Leben war das Licht der Menschen. Und das Licht leuchtet in der Finsternis.“ [10]

Unglück breitet sich aus, wo der Weg verlassen, falsch gesetzte Ziele angestrebt oder gar in der falschen Richtung gegangen wird.

Des Menschen Privileg ist es, sich irren zu dürfen. Daraus kommt ihm aber die Pflicht zu, Irrtümer einzusehen und sich zu korrigieren.

Ohne Freiheit und Sicherheit ist das Glück des Werdens gar nicht oder nur eingeschränkt möglich. Deshalb müssen wir die im Grundgesetz verankerten Rechte wahrnehmen und verteidigen. Auch da geht es um unsere Identität.

Nichts kann die Entwicklung mehr stören als Macht von außen. Es beginnt beim Kind, dem von seinen Eltern Ziele gesetzt werden, die seinen Neigungen und Begabungen nicht entsprechen, setzt sich fort in der Schule, wo ihm Leistungen abverlangt werden, die es zum Verlierer machen und verkümmern lassen, und endet im schlimmsten Fall beim Politiker, der, durch menschlichen Fehler erpressbar geworden, sich zu prekären politischen Entscheidungen zwingen lässt.

Natürlich ist die Bestechlichkeit mit dabei. Sie ist das Merkmal kranker Wertvorstellungen in einer Gesellschaft.

---

[10] Joh. 1, 4-5

Heute ist es die Bestimmung der erfahrenen Menschen diese Schuld des Werdens darzustellen und als brennende anstehende Aufgabe in das Geschehen des einundzwanzigsten Jahrhunderts zu tragen.

Eine Gesellschaft aus Siegern gibt es nicht. Wo Sieger gezüchtet werden sollen, werden Verlierer geerntet. Nicht der erfolgreiche Egoismus, sondern das erfolgreiche Sozialverhalten muss bedient werden.

Die Starken sollen ihre Mitmenschen mitnehmen, dann werden sie als Gewinner geehrt sein. Ein neues Kollektiv wird sich auf einer neuen Ebene bilden: das Kollektiv der bewusst verantwortlichen Menschen

Das Böse dieser Welt bedient sich der Macht. Macht ist die unbewältigte Versuchung. Der Mensch missbraucht sie, wenn er sie ohne Verantwortung ausübt und leidet, wenn er ihr unterworfen ist. Macht ist das Gegenteil von Liebe. Die Autorität der Liebe braucht keine Macht. Macht ist Gewalt.

Liebe ist Verantwortung für den Anderen und dessen Anerkennung.

Der erste Sündenfall war ein Akt der Menschwerdung. Adam und Eva taten den Schritt vom instinktiven zum bewussten Handeln in die individuelle Verantwortung.

Indem sie vom Baum der Erkenntnis aßen, erkannten sie ihre Schuld. Mit jeder neuen Erkenntnis geht der Mensch weiter in die Verantwortung für sein Tun und Denken und damit auch für sein Werden.

Dieses Werden sind wir den Opfern der Naziverbrechen und der Schöpfung schuldig.

Das ist unsere Erbschuld.

2.
Ein schmaler Grat

Wir Deutsche gehen auf einem schmalen Grat. Bei den Opfern laufen unsere Versuche der Rechtfertigung Gefahr, als Leugnen oder Verharmlosung der Naziverbrechen missdeutet zu werden. In ihren Augen könnten wir Schlimmeres nicht tun. Dem kann man zwar durch Schweigen fliehen, was allerdings weder Tatsachen aus der Welt schafft, noch Verständnis für uns weckt.

Im Schweigen weigern wir uns, in den ja auch heute noch verbreiteten menschlichen Schwächen der Vorfahren, unsere historische Schuld zu erkennen, anzunehmen und daraus zu lernen. Stattdessen wird sie so einer nicht mehr begreifbaren, unmenschlichen, womöglich typischen deutschen Schuld unserer Vorfahren zugeordnet, die uns heute nichts mehr angehen mag, dann aber zum ewig schuldigen Kollektiv verdammt, weil wir uns im Schweigen dem notwendigen Lernprozess, dem Werden, verweigern.

Neben der individuellen Schuld der Täter müssen wir die alltäglichen menschlichen Schwächen der Mehrheit unseres Volkes als kollektive Schuld sehen.

In der NS-Zeit war es besonders verhängnisvoll, die Verantwortung für das Geschehen dem Kollektiv bzw. den Machthabern zu übertragen.

Heute steht uns die Unschuld der Nichtwissenden nicht
mehr zur Verfügung. Wir dürfen nicht mehr Masse sein, sollen
unser Selbst, unsere Identität suchen und als Individuum unsere
Verantwortung erkennen und tragen. Auch das Menschsein
muss verantwortet werden.

Den Blick zu klären, hülfe es, die kollektive Schuld als unsere
Schuld des Werdens zu erkennen, die präsent und nicht, zumindest noch nicht, umfassend überwunden ist.

Millionen Tote sind ein Aufschrei. Der droht uns zu erschlagen, solange wir in der Schuld des Hinnehmens und Schweigens verharren.

Die Situation heute

1.
Verwirrungen um Israels Kriege

Es fällt uns Deutschen schwer, mit Israels Kriegen umzugehen. Unsere historische Schuld an den Juden trübt als ein
übermächtiger Golem den klaren Blick.

Israel, der jüdische Staat, wurde als Zuflucht für die Juden
konzipiert. So ist der Konflikt zwischen Arabern und Juden
nicht nur eine Auseinandersetzung zwischen zwei Religionen.
Es geht um das Land, dann um die Legalisierung der Macht in
dem an seine Religion gebundenen jüdischen Staat.

Dieser Staat wird nun gerade von islamisch geprägten Staaten
und Organisationen erbittert bekämpft. Bei allen Unterschieden
finden die Menschen auf beiden Seiten ihre Identität in der Religion. Machtbesessene Staatsmänner scheuen sich nicht, diese
religionsbestimmten Kollektive gegeneinander in den Krieg zu
führen.

Die Juden rechtfertigen ihre Landnahme (zumindest vor sich
selbst) mit ihrer Schrift, der Thora. Die enteigneten Muslime
leiden und verweigern diesem jüdischen Staat die Anerkennung.
Religiöse Toleranz ist bei diesen Gegebenheiten nicht oder nur
begrenzt möglich. Auch der Staat Israel als Demokratie ist mit
einer Mehrheit nichtjüdischer Bürger nicht denkbar.

Was nützt die Einsicht, dass in einem säkularen Staat die
Lehre von der Nächsten- und Feindesliebe des Juden Jesus Hilfe

brächte? Angesichts der tiefen gegenseitigen Ablehnung ist sie einseitig nicht anwendbar.

Wie kam es zu dieser unheilvollen Situation?

Die Gründung des Staates Israel im Jahre 1948 ist vom Wirken Theodor Herzls, 1860-1904, nicht zu trennen. Dabei hat er für sich im Jahr 1893 eine Konversion zum Christentum nicht ausgeschlossen.

Spätestens die Dreyfusaffäre machte im klar, dass die Juden eben nicht nur als Religionsangehörige, sondern als Rasse ausgegrenzt wurden. Ab 1895 entwickelte er seine zionistische Idee. Im Jahr 1896 veröffentlichte er die Schrift „Der Judenstaat", fand aber bei seinen Glaubensgenossen zunächst keine Zustimmung. „Wir müssen noch tiefer herunterkommen, mehr beschimpft, angespuckt, verhöhnt, geprügelt, geplündert und erschlagen werden, bis wir für diese Idee reif sind", schrieb er einem Freund.

Ganz erfolglos blieb er am Ende nicht. Er organisierte den ersten zionistischen Weltkongress (29. bis 31. August 1897) in Basel und wurde Präsident der dort gegründeten Zionistischen Weltorganisation. Er organisierte Landkäufe in Palästina und schuf so wichtige Voraussetzungen für die spätere Staatsgründung Israels.

Schon um die Jahrhundertwende gesellten sich enttäuschte resignierende und idealistische Zuwanderer zu der jüdischen Minderheit in Palästina.

Im hassgeschürten Antisemitismus ab 1933 und nach dem Zweiten Weltkrieg unter dem Trauma der Shoa sahen viele europäische Juden ihre Rettung in der Flucht nach Palästina. Die Juden aus Rexingen[11] siedelten schon Ende der Dreißiger Jahre in Palästina und gründeten den Kibbuz Shavei Zion.

Der Staat Israel wurde zur Notwendigkeit. Nicht nur die religiöse Ausgrenzung, sondern auch das rassistische Denken in Europa und die Sehnsucht nach einer religiösen Heimat führte 1948 zur Gründung Israels.

Eine Alternative wäre es gewesen, wenn in Europa Toleranz über Antisemitismus gesiegt hätte. So wäre ein Staat Israel zwar nicht unmöglich, aber auch nicht notwendig gewesen.

Dann hätten von Anfang an weniger Existenzkampf und mehr Toleranz zwischen Juden und Arabern sein können.

---

[11] Ein schwäbisches Dorf bei Horb am Neckar

2.
Die Rolle der Religionen

Die Zugehörigkeit zu einer Religionsgemeinschaft ist, auch heute noch mehr oder weniger, Identität gebend. Dies wurde von Mächtigen oft genug missbraucht. Allzu häufig haben sich diese Gemeinschaften auch selbst zum Machtinstrument gemacht.

Welchen Schaden sie dabei anrichteten, ist hier nicht Thema. Für heute und die Zukunft müssen sie ihre Aufgaben neu formulieren und in die Rolle in der sie diese erfüllen wollen, finden. Der moderne Mensch wird die missbräuchlichen begrenzenden Anteile seiner religiösen Identität ablegen, Freiheit und Verantwortung in einer erweiterten neu abgesteckten Identität finden. So kann er sich fehlgeleiteten Kollektiven entziehen.

Gewiss, es macht einsam, eine angewachsene Identität abzustoßen. Es bereichert andererseits, eine Neue zu erkennen und zu formulieren. Im Hinterfragen, Verzichten und Wiederergreifen wird der suchende Mensch, seine Religion, die seine Seele sucht, in einem gestaltenden Prozess finden. Auf diesem Weg ist die Einheit der Religionen, die Hans Küng beschwört erreichbar. Dies, sofern den vielfältigen Bedürfnissen der Menschen auch eine freilassende vielfältige Seelsorge angeboten wird.

Die ethischen Werte in eigener Erkenntnis wahrnehmen, entwickeln und manifestieren, wird zum modernen Dienst an der Schöpfung.

Es bleibt den Kirchen und allen anderen organisierten Religionen, in der Sorge um die Seele ihre Werte anzubieten und dabei die gottgewollte Vielfalt zu akzeptieren.

Im friedfertigen Austausch dürfen sie miteinander in den Wettbewerb treten.

Himmel und Hölle in Anspruch nehmen und Andersgläubige verdammen, dürfen sie nicht. Das wäre Blasphemie, weil Gott die Vielfalt will. Nur in der Vielfalt kann seine Schöpfung gedeihen.

Mit ethnischer und religiöser Zugehörigkeit werden Verfol-
gungen bis heute begründet.

Wo der Anspruch auf weltliche Macht mit Religion erklärt wird,
haben die Religionsgemeinschaften ihre Aufgabe nicht begriffen
oder werden von Despoten missbraucht.
Religionsgemeinschaften, die sich missbrauchen lassen, verlieren ihre Berechtigung.

Kollektive sind unvermeidbar, aber auch das Stigma unserer Unvollkommenheit.

Es ist das Dilemma in unserer Zeit. Wir brauchen die Nestwärme des Kollektives, weil wir für die Einsamkeit des Wissenden nicht stark genug sind.

Wir spüren die Einsamkeit von Gethsemane.

Macht ist das Gegenteil von Liebe. Die Autorität der Liebe braucht keine Macht.

In dieser Erkenntnis offenbart sich unsere Unvollkommenheit.

Erst wenn die Menschen aus der reinen Liebe das Richtige tun, werden sie keine übergeordnete Macht mehr brauchen.

Ich träume von der Welt, wo Religionen in friedlichem Dialog sich befruchten, zu den Wegen führen, die Menschen in ihrem Werden gehen.

Wenn sie einmal nicht mehr Werkzeuge der Macht, sondern Dienerinnen der Menschenseelen sind, haben sie ihre neue Aufgabe begriffen.

Die Macht Gottes auf Erden ist durch den freien Willen des Menschen begrenzt.

Trotzdem wirkt Gottes Allmacht im Feld seiner Schöpfung auf spirituellen Wegen und wird sichtbar in den Begabungen und Bedürfnissen, Stärken und Schwächen, mit denen wir bei der Geburt ausgerüstet werden.

3.

Das Schweigen wird zur Schuld

Unser Wahrnehmungsvermögen ist begrenzt. Das macht nachdenklich. Es ist nicht nur die überschwemmende Flut der Nachrichten die uns verwirrt. Es ist auch unsere Bequemlichkeit, die uns verführt.

Zu oft lässt uns das Unrecht am Anderen gleichgültig. Er ist an seinem Unglück selbst schuld, sagen wir und bleiben selbstgerecht, profitieren gar an seinem Schaden.

Die Morde an Migranten durch den Nationalsozialistischen Untergrund (NSU) wurden durch fragwürdige Schuldzuordnungen der staatlichen Organe unserer bequemen Gleichgültigkeit anheimgestellt.

Ein großer Teil der Presse passt sich dem dominierenden Meinungsstrom an oder sucht diesen im Interesse der Mächtigen zu lenken.

Hier zeigen sich die Nachteile der Monopolisierung. Die Medien werden von wenigen Moguln kontrolliert. Es fehlt die breite Vielfalt.

Es wirkt die Macht derer, die sich schon immer als die Feinde der Vielfalt, der Demokratie gezeigt haben. Viel zu viele Journalisten stecken in der Meinungsmühle, wo Erfolg und Einkommen die meinungsbildenden Texte in den Medien

77

bestimmen, als ob die Wahrheit unanständig oder unzumutbar, nicht mehr erstrebenswert wäre.

Wer die Berichte aus den Krisengebieten der letzten Jahre, insbesondere aus der Ukraine und Nahost besonders aufmerksam und kritisch aufgenommen hat, muss zornig werden, weil er sich als manipulierbare Masse entwürdigt sieht.

Die gewählten Politiker handeln in unserem Namen. Wir sind ein Volkskollektiv. Wenn wir diesem Kollektiv zugehören, sind wir für die Aktionen dieser Politiker mitverantwortlich. Diese Verantwortung dürfen wir uns nach der Katastrophe der NS-Diktatur nicht mehr aus der Hand nehmen lassen.

Gleichgültigkeit darf nicht sein!

„Wir sind das Volk", riefen die Demonstranten in Leipzig, um sich aus dem Kollektiv der Gleichgeschalteten zu befreien. Ihr Erfolg kann uns Mut machen. Als Demokraten haben wir unsere Individualität, auch das Recht auf die eigene Meinung zu verteidigen. Dafür brauchen wir ungefärbte, wahre Informationen, sonst laufen wir Gefahr, uns der falschen Gesinnung schuldig zu machen.

Nach den NS-Verbrechen dürfen wir uns von keiner Macht der Welt noch einmal eine solche Schuld aufladen lassen.

Als verantwortungsbereite Wähler sind wir das oberste Kontrollorgan der politischen Macht. Es ist unsere heilige Pflicht Rechenschaft einzufordern.

Natürlich müssen wir auch unsere „Repräsentative Demokratie" hinterfragen. Die gewählten Repräsentanten sind auch fremden Einflüssen ausgesetzt. Die Ziele der Lobbyisten können für das Gemeinwohl schädlich sein und unsere Politiker stehen unter dem Druck einer mächtigen Lobby aus Wirtschaft und Kapital.

Deren Ziele sind egoistisch. Außer dem Gewinn kennen sie keine Wegweiser. Ihre Macht ist kaum zu überschätzen, und sie wollen ihre Macht mehren. Wir erleben täglich, wie verantwortungslose Politikern gesellschaftliche Gruppen gegeneinander ausspielen, um Entscheidungsspielraum für ihre Interessen zu schaffen.

In letzter Konsequenz werden uns „alternativlose Lösungen" vorgesetzt. Für alternativlose Lösungen braucht man aber keine Politiker mehr.

Gewissenlose Machtstrategen nutzen die Alternativlosigkeit zu ihren Gunsten, führen sie sogar herbei um die Gesellschaft unter Druck zu setzen. Wir dürfen dies nicht zulassen, um Herr über unsere Verantwortlichkeit zu bleiben.

Solange Menschenrechte nicht durch Egoismen gefährdet sind, können politische Entscheidungen der Basisdemokratie zugeführt werden. Dafür ist unsere Verantwortungsbereitschaft notwendig.

Die schweizerischen Eidgenossen üben schon, was da möglich ist.

Wir müssen hinschauen, die Regierenden mit demokratischen Mitteln zur Verantwortung ziehen.

Die Globalisierung hätte ethische Werte mitnehmen müssen. Die Profiteure waren schneller.

Es gilt das Recht des Stärkeren.

Dem gegenüber steht die Freiheit, sich für oder gegen dieses Unrecht zu entscheiden.

Diese Freiheit müssen wir aktiv nutzen und verteidigen, gerade gegen gewissenlose Kollektive, in denen zwischen Macht und Verantwortung Lücken klaffen.

Unpopuläre Entscheidungen werden zu Waisenkindern. Andere, die den Menschen zugetan sind, haben viele Eltern, die sich damit schmücken wollen.

Mit solchen Populisten hat die Lobby keine Not.

Wo Waffen- und Rauschgifthändler wegen ihres Reichtums bewundert, und engagierte Idealisten als weltfremde Gutmenschen belächelt werden, hat die Kultur der Wahrhaftigkeit versagt.

Bei Reichen und Mächtigen wird man das Christentum der Bergpredigt nicht finden.

Es sind global agierende Kräfte, die an unseren Katastrophen verdienen. Krieg ist nicht die Fortführung der Politik mit anderen Mitteln, sondern Verbrechen, deren Verursacher Namen tragen. Mit ihren Namen müssen wir sie nennen und zur Verantwortung ziehen.

Es geht um Märkte und Abhängigkeiten, die letztlich Ausbeutung der Menschen zum Ziel haben.

Diesen Kräften müssen wir die Autorität der humanen Werte gegenüberstellen, sie beschämen, mit unserer Wachsamkeit und den Mitteln der Demokratie dagegen halten, auf allen Seiten der Fronten.

Die Möglichkeiten der Natur auf unserer Erde sind begrenzt. Das heißt nicht (wie Hitler meinte), dass nun ein Kampf um Land oder Überleben der Rassen und Kulturen geführt werden muss. Das kann nicht der göttliche Auftrag sein.

Der Mensch wird die Gestaltung des Lebens auf der Erde nach und nach übernehmen müssen. An dieser Aufgabe wird er wachsen, um sie mit Verantwortung für Mensch und Natur fortzuführen.

Die Schöpfung ist noch nicht vollendet. Wir Menschen haben das Ziel der Reise noch nicht erreicht.

Im Wissen darum, dass wir die letzte göttliche Vollkommenheit in diesem Leben nicht erlangen können, wollen wir doch nach ihr streben.

Es ist bemerkenswert, dass sich verantwortungsvolle Atheisten dieser Aufgabe keineswegs verschließen.

Der Atheist unterscheidet sich vom religiösen Menschen vor allem darin, dass er sein Gottesbild nicht glaubhaft findet.

Der Mensch nahm vom Baum des Wissens. Da sah er seine Schuld und wurde aus dem Paradies getrieben.

Indem er den richtigen Umgang mit seinem Wissen erlernt und es zum Gedeihen der Schöpfung einsetzt, kann sich die Schuld des Wissens in die Unschuld der Weisheit verwandeln.

Spiegelung

Du bist schlecht,
sprach der Gute
zu dem Schwachen.
Der erschrak,
und der Gute
musste lachen.

Du bist stark,
sprach der Schwache
zu dem Guten.
Der wurde mächtig,
und der Schwache
musste bluten.

(Xaverius)

4.
Die Leiden in unserer Zeit

Wir Menschen leiden in unserer Zeit. Weil es unsere Zeit ist, sollten wir sie gestalten, um die Widrigkeiten an denen wir leiden, zu beseitigen.

Unser Privileg auf das Geschehen einzuwirken, ist auch Pflicht, aus deren Erfüllung wir persönliche Würde ableiten dürfen. Die ist unantastbar und ziert unsere einmalige Identität.

Soweit die Theorie!

In der Praxis werden Entscheidungen der gewählten Politiker durch Sachzwänge eingeschränkt und wir fragen, ob die von Sachzwängen eingefangenen Politiker überhaupt noch zur Verantwortung gezogen werden können.

Angesichts der Flammen müssen wir indes nicht nur löschen, sondern auch erkennen, wie die Flammen, die nun Sachzwänge heißen, entstanden sind.

Es ist Unfug, das Schicksal oder Gott für die Flammen verantwortlich zu machen. Auf dem Weg den Adam und Eva eingeschlagen haben können wir nicht zurückgehen. Wir haben vom Baum der Erkenntnis zu essen und wissend zu werden. Wir sind verantwortlich, müssen darauf achten, dass unser politischer Wille durchgesetzt und nicht durch die Schaffung von

Sachzwängen ausgehebelt wird. Wo wir Verantwortung tragen, müssen wir auch gestalten dürfen.

Deutlich zeigt sich in diesen Tagen, wie machtstrategische Überlegungen der Finanz- und Wirtschafts-Herrlichkeiten bei beeinflussbaren Politikern Eingang finden. Dies geschieht so unverblümt, dass bei der Frage von Waffenlieferungen sogar mit gefährdeten Arbeitsplätzen argumentiert wird.

Führen die Profiteure an den Krisen diese auch herbei? Die Interessen von Multikonzernen werden eingebracht mit dem Ziel, möglichst große Teile der Weltbevölkerung in die Abhängigkeit ihrer Märkte zu zwingen.

Das kann nicht unser Ziel sein.

Es ist ein global angelegtes System. Vor Kriegen schrecken sie nicht zurück. Kriege müssen finanziert werden. Auch so wird Geld zur Waffe. Diese Waffe muss entschärft und durch wirksame Gesetze unter Kontrolle gestellt werden.

Was Menschen tun, müssen Menschen verantworten, dies im Umfang ihres Bewusstseins und im Maße ihres Einflusses. Wir sind für das Geschehen, für die Taten der Politiker mitverantwortlich. Dieser Verantwortung werden wir gerecht, indem wir Rechenschaft einfordern, Fragen stellen und unser Wahlrecht wahrnehmen. Dabei müssen wir auch erkennen: nicht die lauten Politiker mit populistischen Sprüchen widerstehen den Versuchungen des Geldes und der Lobby, sondern die leisen und besonnenen, die bei ihren Entscheidungen noch Verantwortung spüren. Laute Vordrängler sind schwach und ängstlich. Sie sind von der Macht fasziniert. Sie gehen konform, weil es ihnen als Grundlage für ein sattes Leben erscheint. Dass zur Macht die

Verantwortung gehört, spüren sie nicht. Dass sie selbst oder Ihresgleichen nicht entscheiden sollen, ist ihnen unerträglich, weil unvorstellbar, dass die anderen uneigennützig handeln.

Sie unterstellen den anderen eigene Motive, in denen sie der Lobby unterliegen und nicht die Kraft haben, die Herausforderungen unserer Zeit anzunehmen.

Die ungeregelte Globalisierung ist der Tummelplatz gewissenloser Geschäftemacher. Sie veranstalten Überlebenskampf zwischen Kulturen, Völkern und Nationen, ja auch Erdteilen und bringen Versklavung. Die Vielfalt der Kulturen wird von den Menschen gefährdet, die sie im Munde führen, und an ihrer Einschränkung Geld verdienen.

Die Vermehrung des Geldes hat sich auf dem Weg der Spekulationen von der Produktion nutzbarer Güter zu weit entfernt, um mehr als eine gigantische Seifenblase zu sein. Asoziale Profiteure treiben ihr Unwesen.

Wenn z.B. gesunde Unternehmen zerschlagen werden, um durch Verkauf von besonders gewinnträchtigen Teilbereichen möglichst schnell viel Geld zu machen, wird Geld eingeheimst, aber kein einziger nützlicher Wert geschaffen.

Soziales Gewissen ist in den Augen solcher Profiteure eine Schwäche, die es rasch auszunutzen gilt. Noch bevor wir Fragen stellen, wollen die Raubritter neue Opfer in den Fängen haben und mit neuen Finanzprodukten und Kleingedrucktem ausnehmen.

Deshalb muss die Vermehrung des Geldes an die Produktion von Gütern und an Dienstleistungen gebunden werden. Asozialer Reichtum geht auf Kosten der Dienstleister und

Güterschaffenden. Dem spekulativ gewonnenen Geld stehen ja keine anderen adäquaten Leistungen oder Güter gegenüber. Wenn das generierte Geld den Wert dieser Leistungen und Güter überschreitet, das tut es heute bereits um das Vielfache, wird es zur satanischen Macht, die ihre Wege über Bestechung und Bedrohung nimmt.

In unserer Wertelandschaft müssen auch Menschlichkeit und soziale Verantwortung globalisiert werden. Es sind nur Wenige, die sich widersetzen, und doch fragen wir, warum sie dabei so effektiv sind. Alle Menschen brauchen Auskommen und Anerkennung in einer Gesellschaft, die Bestechungsgehälter und unredlichen Reichtum ächtet und nicht bewundert.

Auch Eltern und Pädagogen sind gefordert. Kindern brauchen Inhalte, die über irdische Güter hinausgehen. Sie müssen vorgelebt werden. Kinder wollen für Ideale kämpfen. Ohne diese, werden sie zu enttäuschten denkverweigernden Egoisten, andere dröhnen sich mit Alkohol und Drogen zu. Das sind die verlorenen Idealisten. Natürlich sind selbständig denkende Fragensteller unbequem, in der Schule und ihren Eltern nervig. Wenn wir sie nicht annehmen, bleiben sie ohne Ausbildung und fliehen in eine Pseudowelt, wo Brutalität zum Alltag wird.

Wir brauchen die unbequemen Fragensteller. Ihre Fragen bringen Denkmodelle auf den Weg und leiten gesellschaftliche Veränderungen ein. Ohne sie wird es der Katastrophen bedürfen, um die notwendigen Veränderungen herbeizuführen.

Unternehmer, die nicht ausbilden, weil die qualifizierten Arbeitskräfte aus einem Entwicklungsland billiger sind, nehmen dem Entwicklungsland die selbstheilenden Kräfte und unserer Jugend die Zukunft.

An anderer Stelle stehen zugestresste Eltern, ohne die Kraft, sich mit neuen Ideen auseinanderzusetzen. Sie merken nicht, dass sie von Konsumzwängen versklavt sind. Was die Werbung vorgegaukelt, ist weder kindgerecht, noch tut es Erwachsenen gut. Der Konsumzwang wird immer raffinierter aufgebaut, die Menschen im Grunde ausgebeutet, so wie mit den Energiepreisen, die mit Herstellkosten und Investitionen schon lange nichts mehr zu tun haben.

Können sich Kinder von dieser Versklavung befreien? Können sie erkennen, dass sie manipuliert und allein gelassen werden? Sie orientieren sich an dem, was ihnen vorgelebt wird. Soll das nur noch Egoismus, Brutalität, Lieblosigkeit sein?

Geldströme nehmen gefährliche Wege. Während sich in Deutschland private Vermögen von mehr als 5200 Milliarden angesammelt haben, stieg die Verschuldung des Bundes auf 1780 Milliarden Euro. Das macht pro Einwohner einen Betrag von etwa 22000 Euro. Während eine Handvoll Reicher über die Macht des Geldes verfügt, hat der Rest der Bundesbürger pro Kopf Schulden (Ohnmacht) in Höhe von 22000 Euro beim Bund.

Der Fehler liegt: an der Verteilung. Das Geld ist nicht bei denen, die es zum Leben brauchen. Es ist Machtfaktor. Geld ist Macht, lautet das Sprichwort.

Aber nicht die Gesellschaft, nicht der Staat verfügt über diese Macht, sondern asoziale Kräfte die Macht benutzen, um Macht zu mehren.

Diese Fehlentwicklung könnte durch entsprechende Gesetze sofort korrigiert werden. Stattdessen wird der Staat von den Gierigen immer schamloser ausgeraubt. Dabei wird mit eingängigen Schlagworten geknüppelt: Steuern senken! Mehr Geld den Bürgern! Wir brauchen Gewinne zum Investieren! Wir müssen wieder mehr arbeiten! Es klingt so vernünftig. Wäre es auch, geschähe es mit der richtigen Konsequenz, aber gerade daran fehlt es.

Die richtige Konsequenz hieße: angemessene Grundsicherung für alle. Geld für Menschen, damit sie leben können. Gewinne zum Investieren, nicht in unproduktive Spekulationsgeschäfte oder unnötige Rüstung in Ländern der Dritten Welt, nicht als Mittel der Macht, sondern als Investition in Infrastruktur und Lebensqualität, was wieder Arbeit schafft.

Nicht reinvestierte Gewinne müssen mit höchsten Steuern belastet werden, damit sie nicht zur Macht werden und der Staat seiner sozialen Verantwortung gerecht werden kann.

Hier ist nicht die soziale Gleichschaltung gemeint, wie sie in kommunistischen Manifesten steht. Natürlich soll mehr bekommen, wer mehr leistet. Wenn aber Manager Gehälter in Bestechungshöhe bekommen, um ihr Gewissen zu betäuben, ist der tolerierbare Rahmen gesprengt. Steuerbetrug und gefälschte Abgaswerte in der Autoindustrie sprechen eine eigene Sprache.

Wer der Macht des Geldes Grenzen setzen will, muss es gerechter verteilen.

Menschen, die arbeiten wollen, dürfen nicht, Kranke und Ausgepowerte sollen mehr arbeiten.

Wer das fordert, weiß genau, dass es nicht möglich ist. Es geht ihm um die Verteilung des Geldes und damit wieder um Macht.

Nach dem Zweiten Weltkrieg haben wir atemberaubende technische Fortschritte getan. Dabei ist die Steigerung des Lebensstandards in ungezügelten Begehrlichkeiten stecken geblieben. Gewiss, Lebensstandard ist nicht Lebensqualität. Aber beides ist nach dem Zusammenbruch des Ostblocks an der Gier der Gierigen geschrumpft.

Unsozialer Entzug der Kaufkraft und Auftürmen der Kapitalmacht blockieren unsere Möglichkeiten.

Immer mehr Menschen in Deutschland resignieren angesichts ihrer Ohnmacht gegenüber „alternativlosen" Entscheidungen.

Nicht konforme Meinungen werden leichtfertig als Gutmenschentum, weltfremd, rassistisch oder rechtslastig ausgegrenzt, als „Müll" entsorgt.

Menschen werden zur manipulierbaren Masse entwürdigt. Fehlgeleitet versammelt sich diese manipulierbare Masse unter der Fahne von rechtsextremen Populisten zu einem gefährlichen Kollektiv.

Scheint es nur oder ist es so gewollt?

Wer hat Interesse daran, Europa zu destabilisieren? Solche Kräfte gibt es, und wir tun gut daran, diese Tatsache nicht als Verschwörungstheorie anprangern zu lassen.

Die untergründigen Aktivitäten destruktiver Mächte in der Ukraine und den Ländern im Nahen Osten sind nicht zu übersehen.

Man darf gespannt sein, ob und wie in den nächsten Jahren die zersetzende Meinungsbildung gegenüber der EU in Polen, Ungarn, den baltischen Staaten und anderen stubenrein gemacht wird.

Welche Kräfte werden in das entstehende Vakuum einnisten? Der Traum von einem wirtschaftlich und kulturell blühenden Europa als Brücke zwischen Ost und West wird kein Fundament finden, solange gewissenlose Kräfte mit hegemonialem Machtstreben die Annäherung zwischen Westeuropa und Russland mit allen Mitteln zu verhindern suchen.

Der ehemalige US-Präsidentenberater Zbigniew Brzezinski hat nach dem Fall des Eisernen Vorhanges in seinem Buch „Die einzige Weltmacht" eine Gebrauchsanweisung geliefert, wie die USA ihre weltumfassende Macht sichern und ausbauen könne. Verblüfft sieht der Leser, wie die USA heute noch nach diesen Plänen agieren.

Offensichtlich haben die Mächtigen in Amerika nicht begriffen oder begreifen wollen, welche Möglichkeiten für die ganze Erdbevölkerung sich da angeboten haben. Stattdessen haben sie sich krampfhaft an östliche Feindbilder geklammert und die, eigentlich unnötig gewordene, Nato sofort an die Grenzen Russlands vorgeschoben. Den russischen Angeboten einer wirtschaftlichen Zusammenarbeit haben sie sich bis zur Konfrontation verweigert. Geht es diesen Leuten um Lösungen oder Dominanz?

Wollen wir Deutsche diese Konfrontation? Ist es nicht unser Interesse, zu allen ehemaligen Alliierten und allen Ländern Europas gute Beziehungen zu unterhalten. Glaubt denn noch irgendjemand, dass die Demokratie in Westeuropa von den Russen gefährdet wird?

Die Demokratien dieser Welt werden von ganz anderen Mächten gefährdet.

5.
Wer ist das Volk?

Wir erinnern uns.

Auch in der Weimarer Republik wurden die Menschen durch Arbeitslosigkeit, Unruhen, Inflation, Mangel an Perspektiven, dem anhaltenden nutzlosen Gezerre zwischen Parteien und Interessengruppen zur Resignation getrieben, in Zukunftsängste versetzt und so zur manipulierbaren Masse gemacht. Argumente wurden nicht ausgetauscht, sondern in selbstgerechter Haltung dem politischen Gegner plakativ um die Ohren geschlagen. Hinzu kam die Existenzangst.

Sie wurden gargekocht für einen Führer.

Wie weit sind wir heute von solchem Szenario entfernt?

Die rechten Selbstgerechten leiten ihre Rechte von den Nöten, Ängsten, auch natürlichen Rechten der Menschen ab. Auf den Austausch von Argumenten lassen sie sich jedoch nicht ein. Stattdessen bauen sie selbstgefällige Emotionen auf, um sich darin als die Rechtschaffenen niederzulassen.

Andersdenkende werden zur Bedrohung erklärt und aus dem Kreis der Rechtschaffenen ausgegrenzt. Diese Methode ist nun schon in den Parteien der Mitte verbreitet. Auch die Provinzpolitiker aus Hinterwald glauben ihre Wähler mit Manipulation, anstatt mit Information hinter sich scharen zu können. Flüchtlingsströme kommen ihnen für ihre Angstmache gerade recht, und bei den lauten Hurraschreiern kommen sie damit an.

Die Aufgabe der heutigen und künftigen Generationen wird es sein, solche unredlichen Politiker, Staatsmänner und ihre Hintermänner zu benennen und zu markieren.

Auch Kriegsverbrecher dürfen nicht mehr mit dem Friedensnobelpreis dekoriert werden.

Nicht Rache oder Gewalt sollen die Waffen sein, sondern das Erkennen. Die elektronische Datenwelt bietet nie dagewesene Möglichkeiten, sich zu informieren und die Verantwortlichen zu überführen.

Politische Parteien werden durch unser Abstimmungsverhalten gezwungen, ihre plakativen Brunftschreie durch Darstellungen von Fakten und Absichten zu ersetzen. Das verlorene Ansehen der Parteien und ihrer Politiker zeigt sich in der Anzahl der Nichtwähler. Deren Zahl steigt von Wahl zu Wahl. So verrottet unsere Demokratie in der Resignation und der Bequemlichkeit der Bürger. Doch Bürger sein ist auch Pflicht. Wir müssen am Leben teilnehmen und dürfen nicht schweigen. Sonst werden wir aus dem Schlaf der Bequemlichkeit mit Schrecken im Chaos erwachen.

In der Frage der Flüchtlinge wird egoistisch mit Kosten und Angst vor Überfremdung argumentiert. Andere haben noch nicht einmal den Mut mit Werten wie Hilfsbereitschaft, Anstand oder gar christlicher Nächstenliebe dagegen zu halten. Offensichtlich trauen sie den Menschen in Deutschland die Würdigung solche Werte nicht zu. Dies ungeachtet der zahllosen ehrenamtlichen Helfer, die sich vor Ort im Dienst an den

Menschen engagieren. Wo sollen die sich einordnen, wenn eine aufgewiegelte und gnadenlose PEGIDA „wir sind das Volk“ skandiert?

Populistische Politiker stellen eng angelegte egoistische Werte vor den idealen in den Fokus. Sie fürchten mit ethischen Werten beim „primitiven“ Volk nicht anzukommen, versuchen die eigene Position, plakativ für einfache Gemüter, an die Wand zu klatschen und den politischen Gegner in eine eklige Ecke zu stellen, so wie sie es in zahllosen Gesprächsrunden bei Maybrit Illner und Anne Will geübt haben.

Was festgefahrene Politiker in solchen Gesprächsrunden abliefern, ist oft genug eine Beleidigung der Intelligenz des Publikums.

Auch dort wo diese Ecke tatsächlich eklig erscheint, ist diese Methode nicht angebracht. Es fehlt der Dialog, in dem zugehört und auf Argumente eingegangen wird.

Nur so kann das Gespräch auch gestalten und der eigenverantwortlichen Abwägung Raum geben.

Die ehemalige Vielfalt der Medien hat sich auf wenige Machtblöcke reduziert. Ja, es sind Machtblöcke. Sie wissen um ihre Macht und nutzen sie auch ganz im Sinn ihrer Kapital gebenden Herrscher.

Es lohnt sich, genau hinzuschauen und hinzuhören. Eine Versammlung von Menschen wird je nach Orientierung einmal als friedliche Demonstration zum anderen als aufgehetzter Mob oder auch als radikale Schlägerbande dargestellt.

Bewaffnete Gruppen in Syrien sind beim einen gemäßigte Bürgerkriegsteilnehmer, beim anderen barbarische Horden oder radikale Terroristen. Ihre Waffen kommen vom gleichen Hersteller. Daran ist Wesenhaftes erkennbar.

Es sind subtile Methoden, mit denen wir manipuliert werden sollen. Wachsamkeit ist angebracht. Unsere Fragen müssen präzise formuliert werden. Wenn dann der Fragende als Verschwörungstheoretiker diskreditiert wird, ersetzt dies kein Argument, ist aber ein triftiger Grund die Hintergründe zu beleuchten.

Die Pressefreiheit ist ein unverzichtbares Element der Demokratie. Leider ist sie durch die Bildung von medialen Machtblöcken gefährdet.

In einigen Bereichen kommen wir dem Szenario der Weimarer Republik gefährlich nahe.

Auch heute suchen die Menschen nach belegter Information, nach Sicherheit, die Ängste nimmt, in der sie sich bestätigt finden können oder auch korrigieren müssen. Auch heute suchen wir nach Identität mit einer rechtschaffenen Gemeinschaft, mit der man konform geht, in der man sich wohlfühlt.

Die rechten Selbstgerechten tischen allzu schnell ihre bequemen Antworten auf. Diese Gesellschaft muss auch Fragen zulassen. Wenn die Medien diese Fragen nicht stellen, müssen dies die Bürger tun.

Das ist Privileg und Pflicht.

Zugegeben, es ist anstrengend, wenn man müde ist vom ertraglosen Gezerfe zwischen Politikern, die nur noch Interessengruppen vertreten, am Problem vorbei argumentieren und deshalb die Suche nach der richtigen Lösung immer aussichtsloser erscheinen lassen. Da ist man versucht den einfachen, bequemen Weg zu gehen und zu schweigen, wenn auch ein bisschen schlechtes Gewissen dabei ist.

Doch gerade dann müssen wir wachsam sein. Wenn Rechtspopulisten mit dem süßen Gift der populistischen Rechtschaffenheit locken, dürfen wir nicht schweigen, nicht noch einmal. Sie stellen das rechtschaffene Kollektiv in den Vordergrund, argumentieren vor dem Hintergrund der Rechtschaffenheit für die Ausgrenzung von Menschen, die in irgendeiner Form anders sind, und erklären sie zu Feinden.

Das deutlichste Merkmal der Rechtspopulisten ist die Ausgrenzung. Damit wollen sie die verbale Auseinandersetzung vermeiden. Es ist die uralte Methode der Demagogen. Ihr wahres Motiv heißt Macht. Sie wollen Macht genießen.

Wer sich einem Kollektiv einfügt, ist auch für dessen Taten mitverantwortlich.

Das hat uns die NS-Diktatur gelehrt und dem werden wir nicht entgehen.

Wir sind wissend geworden.

Den Rechten und Selbstgerechten geht es nicht um die gute Lösung, sondern um Wichtigtun und Macht. Um die zu genießen, werden Sie kein Unrecht scheuen.

Macht ist die unbewältigte Versuchung.

Wir dürfen es niemals wieder soweit kommen lassen, dass Verbrecher eines Tages ihre Untaten zu rechtfertigen suchen mit dem Hinweis, das deutsche Volk habe es so gewollt.

Wir dürfen einer solchen Entwicklung nicht ins Auge schauen und schweigen. Nicht noch einmal. Unser Schweigen wird uns nicht entlasten, sondern anklagen. Wir haben vom Baum der Erkenntnis gegessen. Das Wissen um die Zusammenhänge macht uns schuldig.

„Wir sind das Volk", riefen die Menschen im Jahr 1989 bei den Montagsdemonstrationen, weil sie Verantwortung für ihr Leben tragen wollten. Wir sind das Volk heute, wenn wir diese Verantwortung mit ihren Pflichten und Privilegien auch schultern.

6.
Die Souveränität Deutschlands

Zuweilen wird gefragt, ob die Bundesrepublik überhaupt ein souveräner Staat ist. Bestehen die alliierten Siegermächte von 1945 auch heute noch auf Rechten, die sie sich damals gesichert haben? Dieses Thema ist heikel. Keine Seite ist offensichtlich an einer Diskussion interessiert.

Die deutschen Regierungen kann es nicht befriedigen, in der Öffentlichkeit als verlängerte Werkbank der Alliierten (ohne Russland?) geoutet werden.

Die westlichen Mächte fürchten wohl mehr den Unwillen der deutschen Bevölkerung. Wenn sie Rechte wahrnehmen, dann hinter der Wand und auf der Ebene der globalen Politik.

Es stellen sich Fragen:

1. War die Bundesregierung unfolgsam, als der Kanzler Schröder die Teilnahme am Irakkrieg verweigerte?
2. Hat die Kanzlerkandidatin Angela Merkel sich damals für die Verweigerung deshalb so übereifrig bei dem US-Präsidenten entschuldigt, was viele Deutsche peinlich berührte?
3. Warum hat die Bundesregierung im Afghanistankrieg mitgespielt, obwohl die Mehrheit des Volkes dagegen war?

4. Haben US-Politiker bei der BND/NSA -Spionageaffäre deshalb so unzugänglich und arrogant reagiert, als die Deutschen geradezu kniefällig um Unterlassung der Spionage gefleht haben?

5. Hätte eine solche Verzichtserklärung die uneingeschränkte Souveränität Deutschlands durch die Hintertür bestätigt?

Wir dürfen nicht weltfremd sein. Die USA werden ohne zwingenden Anlass auf keine Rechte verzichten. England wird sich hinter den USA verstecken, und Frankreich wegen seiner geographischen Lage kaum mehr andere Interessen als gemeinsame mit Deutschland wahrnehmen wollen.

Allemal stellt sich die Frage nach der Verantwortung für das politische Handeln in Deutschland. Es ist nicht gleichgültig, ob sich die Alliierten einmischen oder nicht. Die Bundesregierung handelt im Namen des deutschen Volkes. Deshalb sollte dieses Volk auch die Verantwortung tragen. Begrenzte Souveränität hieße jedoch begrenzte Verantwortung.

Und wir müssen Fragen stellen. Wir wählen Politiker, damit sie den Willen des Volkes umsetzen. Wenn sie es nicht tun, müssen sie erklären, warum. Und wenn begrenzte Souveränität der Grund ist, muss das offengelegt werden.

Wir müssen wissen, wofür und wie weit wir verantwortlich sind. Auch hier müssen Verantwortung und der mögliche Einfluss im Gleichgewicht stehen. Wenn wir Weisungen der Siegermächte hinnehmen müssen, heißt es nicht, dass wir sie auch verantworten wollen.

Eine offene Diskussion läge zweifellos im Interesse der Deutschen. Die Bundesregierung darf dieser Diskussion nicht aus dem Weg gehen, schon um ihre eigene Verantwortlichkeit aufzuzeigen.

Die repräsentative Demokratie hat freilich auch ganz allgemeine Schwächen. Als Wähler setzen wir zwar Prioritäten, wissen dabei nie, welche Themen darüber hinaus im Laufe einer Legislaturperiode präsent werden. Wir wissen auch nicht, wie der gewählte Politiker handelt, wenn er unter Druck gerät. Deshalb muss der Druck des Wählers immer größer sein, als jeder andere.

Nur der Druck des Wählers ist legal.

Wenn alliierte Mächte Einfluss auf die Entscheidungen der Bundesregierung nehmen, ist dies offen zu legen, damit wir, die deutschen Bürger, zeigen können, ob wir diese Politik mittragen wollen.

Solche Souveränität kann keiner verweigern. Deshalb müssen wir nicht um sie kämpfen, sondern sie nur verteidigen. Dies mit Leidenschaft.

7.
Ein übles Spiel in Nahost

Im unsinnigen Bruderkrieg wird sich der kriegerische Islam selbst zerstören. Nur der Friedfertige kann überleben. So muss es den gequälten Menschen auch dargestellt werden.

Die vielgerühmte Barmherzigkeit des Islam ist keineswegs identisch mit der christlichen Nächsten- oder Feindesliebe.
Nächstenliebe ist bedingungslos. Barmherzig ist der Ranghöhere.
Gott ist barmherzig.
Wer sich selbst barmherzig nennt, siedelt sich in der höheren Ebene an.

Sie kommen zu Hundertausenden aus Nahost. Entwurzelte mit traumatischen Erinnerungen, die sich noch oder auch nicht mehr an ihre islamische Identität klammern. Außer dem Vertrauen auf die Hilfe der Europäer haben sie nichts, dem sie sich hingeben können. Religiös entwurzelt sind sie allemal, denn irgendwann wird auch ihnen die Machtgier und Grausamkeit der gewaltbereiten Religionsführer und Despoten in ihrer Heimat nicht verborgen bleiben.

Die Religionstyrannen mit ihrer Gefolgschaft wurden mit System von den nach globaler Dominanz strebenden westlichen Mächten aufgerüstet, um die ganze Region zu destabilisieren. Teile und herrsche, lautet das Prinzip.

Es ist ein arglistiges Spiel.

Wer den Frieden will, versucht auszugleichen. Im Irak ist das nicht geschehen. Wo Sunniten und Schiiten fast gleich stark vertreten sind, darf die Regierung nicht von Schiiten gestellt sein, wenn die Armee fast ausschließlich von Sunniten geführt ist. Diese Armee ist folgerichtig zum IS übergelaufen. Das war voraussehbar. Spätestens jetzt hätte dieser Islamische Staat von seinen Geldquellen getrennt werden müssen.

Als Russland und der Iran nicht folgsam waren, zögerte die westliche Staatengemeinschaft keinen Augenblick, um sie mit wirtschaftlichem Boykott zu zwiebeln, sah indessen jahrelang gelassen zu, wie sich die IS-Terroristen mit dem Verkauf von Erdöl finanzierten. Auch die Saudis dürfen dort ungestraft ihr satanisches Süppchen kochen. Ist beim IS nicht möglich, was bei Russland oder dem Iran zielführend erscheint? Welche teuflische Macht sichert hier Geld für Waffen. Wer liefert die und hält so die bewaffnete Auseinandersetzung am Laufen? Welche Ziele werden da von wem verfolgt?

Das Absolutistische des Korans wird von den saudi-arabischen Monarchen und Staatsführern als Rechtfertigung für Ihren absoluten Machtanspruch angeführt. Dies hat sich schon soweit verselbständigt, dass die islamische Religion als demokratieunfähig bezeichnet wird. Natürlich ist sie das, wenn die Schrift buchstabengetreu ausgelegt wird. Schließlich wurde sie geschrieben, als es nur absolutistische Herrschaftssysteme gab. Dies trifft auch auf andere heilige Schriften zu.

Nicht die Religionen, sondern die Menschen müssen demokratiefähig sein. In ihrer Entwicklung dürfen die Menschen den dritten Schritt nicht vor dem zweiten tun. Erst wenn die Nächstenliebe in der Gesellschaft verankert und ohne Bezug auf Religion abrufbar ist, werden die Menschen ihre Identität in der liberalen Gesellschaft finden, in der auch Toleranz verinnerlicht ist. Erst dann kann der Schritt zur Demokratie gefahrlos getan werden. Und natürlich müssen sich die Religionen von Inhalten trennen, die sie zum Werkzeug von Tyrannen machen.

Auch die Religionen müssen ihre Aufgaben in der richtigen Reihenfolge erkennen. Die Verkündigung der Nächstenliebe hat uns Freiheit und Toleranz gebracht. Mit den Worten „Liebet eure Feinde" wird der Mensch an die Gestaltung der Zukunft der ganzen Erde herangeführt. Wissenschaftliche Erkenntnisse machen diese Aufgabe lösbar. Die moderne Technik bietet uns Möglichkeiten, allerdings mit luziferischen Gefahren an. Auch nicht im ahrimanischen, sondern im jesuanischen Sinn, wo die Liebe zum gestaltenden Gottesprinzip wird, sollen wir wirken. Neue Wege können auf spiritueller Ebene gesucht werden.

Die neuen Aufgaben stauen sich vor unserer Tür. Vielleicht brauchen wir dazu eine neue Spiritualität.

Anstatt Kriege zu führen, müssen wir uns den neuen Aufgaben stellen.

Die Entwurzelten aus den Kriegsgebieten kommen zu Menschen, die sich im Gang der befreienden Säkularisierung von engstirnigen religiösen Wurzeln entfernt haben und diese kritisch betrachten. Oft mit noch taumelnden Schritten suchen sie neue Identität, in der ihre verantwortungsbereite Individualität einziehen kann.

Beide Seiten können sich ergänzen und befruchten. Darin liegt eine Chance. Unsere Willkommenskultur darf den aufklärenden Dialog mit den Ankommenden nicht meiden. Dabei stehen sich die Verfolgten und die Gesättigten, zuweilen auch ratlos gegenüber. Natürlich müssen wir die Menschen so gut wie möglich versorgen.

Aber auch die Ursache der Massenflucht muss beseitigt werden, und die heißt Krieg.

Es geht um unkontrollierte Kräfte. Global agierende Mächte versuchen, Menschen in Abhängigkeit zu bringen und auszubeuten. Wir dürfen diese destruktiven politischen Kräfte von der Verantwortung für die Kriege in Nahost nicht freisprechen. Nicht die Völker dieser Welt sind für Kriege, Terror und Mord verantwortlich, sondern Personen und Gruppen, die einen Namen haben. Verunsicherung, Manipulation durch gelenkte Emotionen, Lüge, Betrug und Korruption sind ihre Waffen.

Sie agieren an der demokratischen Kontrolle vorbei auf Wegen, die an Geldströmen erkennbar sind, und sich im Dunkel der Korruption winden.

Die Machtgierigen im Westen sind per se nicht die Guten. Ebenso wenig sind die anderen immer die Bösen. Die Kriege sind nicht der Ursprung der Katastrophen, sondern das Ergebnis der Agitation dieser Kräfte.

Die Katastrohe besteht darin, dass sie die Menschen via Massenmedien manipulieren, so die demokratische Kontrolle übertölpeln.

Wir, die Bürger, müssen Fragen stellen. Fragen, die in einer gesunden Demokratie von Medien gestellt würden, stünden sie nicht unter der Kontrolle ihrer Geldgeber.

Die Monopolisierung der Presse unterdrückt die Vielfalt. Die wenigen Kleinen werden zum Teil schon als unseriös ausgegrenzt und in eine schmuddelige Ecke gedrängt.

Hier wird besonders deutlich, wie wichtig die vielfältige Medienlandschaft für eine funktionierende Demokratie ist. Die kann durch Gesetze sichergestellt, allerdings auch durch das Konsumverhalten der Menschen gefördert werden.

Am Ende müssen wir erkennen. Die Sunniten und Schiiten werden von brutal agierenden Kräften gegeneinander aufgerüstet, das heißt missbraucht. Menschen, die oft nur ihre Religion leben wollen, liefern die Toten, die wiederum als Motivation für neue Gewalt missbraucht werden.

Der Islamische Staat ist ein Produkt der Ohnmacht gegenüber den global agierenden Kräften. Seine Anhänger versuchen, Macht in grausamen Aktionen zu spüren. Dafür sind ihnen Terroranschläge gerade gut genug.

Kann in diesem Bild neue Gewalt helfen?

8.

Ein militärischer Einsatz und seine Geschichte

Deutschland wird nun in Syrien militärische Einsätze leisten. Wieder einmal haben Terroranschläge, diesmal in Paris und Brüssel, das Unvorstellbare möglich gemacht. Doch alles hat seinen Ursprung und seine Geschichte.

Den Ursprung dieser Geschichte liegt freilich im Dunkel der Verirrungen bei menschlicher Machtanmaßung irgendwo im letzten Jahrhundert.

Vielleicht ist der bis heute nicht aufgeklärte Kennedymord, im November 1963, das sichtbare Zeichen einer Machtergreifung durch unkontrollierbare Kräfte, die heute zuweilen auch in Gestalt von gewählten Parlamentariern auftreten. Oft sind es rücksichtslose Ellenbogenbosse aus der Kapital- und Wirtschaftswelt. Gemeinsam bilden sie den Club der Präsidentenflüsterer. Allemal sind diese Kräfte inzwischen auf illegalen Wegen immer mächtiger geworden.

Verschwörungstheorie?

Werfen wir einen Blick auf die Hintergründe. Jeder kann die Verbindungen von global agierenden Konzernen wie Monsanto, Bayer, Nestle usw. sowie den Rüstungskonzernen zu den Machtzentren dieser Welt erkennen. Google zeigt das Sichtbare. Personelle Wechsel zwischen Konzernen und Regierungsstellen

106

sind nicht gerade selten. Das Unsichtbare vermittelt sich in politischen Entscheidungen, die eindeutig den Interessen dieser Multikonzerne gerecht werden.

Das Wachstum ist die heilige Kuh aller Wirtschaftsbosse und Marktmacht ist in ihrer Sicht erst in der Gesamtheit der Weltbevölkerung begrenzt.

Diese Vorstellung macht schwindelig. Wenn die gesamte Welt mit Kindernahrung von Nestlé und Saatgut von Monsanto versorgt würde, verfügten diese Konzerne über eine unvorstellbare und unkontrollierbare Macht. Unsere demokratisch gewählten Regierungen wären den Stimmzettel nicht mehr wert, weil sie nur noch alternativlose Lösungen verkündeten. Soweit wird es nicht kommen, weil es nicht soweit kommen darf. Aber das System in sich ist ein Selbstläufer. Es wird bei allen Widerständen immer wieder zu einem neuen Start ansetzen, und solange die heilige Kuh Wachstum heißt, wird auch das Ziel unverändert bleiben. Neue langfristige Ziele müssen gesetzt und Kapital- und Wirtschaftssysteme verändert oder zumindest angepasst werden.

Der Anfang der Geschichte des Militäreinsatzes liegt, wie so viele Geschichten näher an der Gegenwart, im Geschehen des 11. Septembers 2001. Es ist ein bedrückendes Szenario, schon weil die Ereignisse von so vielen Seiten angezweifelt und die offiziellen Darstellungen eben auch in seriösen kritischen Betrachtungen infrage gestellt werden. Abseits von allen Verschwörungstheorien bleiben ganz wesentliche Fragen unbeantwortet.

1. Warum hat der US-Geheimdienst im Vorfeld so kläglich versagt?
2. Warum sind die ersten beiden Türme des World Trade Centers überhaupt in sich zusammengestürzt.
3. Warum erinnern sie im Einsturz so auffallend an eine kontrollierte Sprengung?
4. Warum ist der dritte Turm in sich zusammengebrochen, obwohl er weder von einem Flugzeug noch von einem anderen, ähnlich wirksamen Teil getroffen wurde?
5. Warum sind sich Heerscharen von Sprengexperten einig darin, dass gerade hier am dritten Turm eine kontrollierte Sprengung vorliegt.

Die Antworten auf diese Fragen bleiben im Dunkel der unzugänglichen Akten, ebenso wie die Frage, ob Kennedy von hinten durch Oswald oder von vorne rechts durch einen Unbekannten erschossen wurde.

Die Kriege im Irak und in Afghanistan wurden uns als Kampf gegen den Terror gepriesen. Der Erfolg blieb in Afghanistan bei null, während er in sich im Irak als kontraproduktiv im höchsten Maße zeigt. Keine andere Terrorgruppe zuvor war so gefährlich wie der daraus entstandene sogenannte Islamische Staat. Warum muss man nun gegen diesen Islamischen Staat mit Waffen in den Krieg ziehen? Schon vor Jahren, noch bevor er größeren Schaden hätte anrichten können, wären andere Maßnahmen effektiver gewesen.

1. Keine Waffen und Munition in den Nahen Osten. Wo keine Munition ist, werden auch keine grausamen Kriege geführt.

2. Finanzierung durch die Saudis unterbinden. Es ist unfassbar, dass die saudischen Fürsten, die ja angeblich die Freunde des Westens sind, Terroristen finanzieren, die im Westen zivile Menschen angreifen.

3. Ölverkauf in die Türkei unterbinden. Die Türkei ist ein NATO-Staat und verhindert nicht, dass sich die Feinde ihrer Verbündeten durch Öllieferungen in die Türkei finanzieren. Vielmehr erlaubt sich diese Türkei, ein russisches Flugzeug mit einer sehr fragwürdigen Begründung abzuschießen, nachdem sie vorher wochenlang die erfolgreichen Gegner des IS, die Kurden ungerügt angegriffen hat.

4. Rechtstaatliche demokratische Ordnung im Irak einführen. Die USA haben sich nach dem Irakkrieg die Ausbeutung der irakischen Ölquellen gesichert, waren dagegen nicht imstande die Sunniten und Schiiten im friedlichen Miteinander zu einer paritätisch besetzten Regierung zu führen. Bei den Gegebenheiten wäre dies doch die wichtigste Aufgabe der Sieger gewesen.

Die Nachrichten aus dem Krisengebiet sind ein passendes Beispiel dafür, wie auf subtile Weise manipuliert wird. Wenn zum Beispiel die Russen einen Angriff auf Rebellen fliegen, heißt das im westlichen Kontext „auf gemäßigte Rebellen". Der Hinweis auf Schäden bei der Zivilbevölkerung ist Pflichtübung. Tun die US-Streitkräfte dasselbe, heißt das „auf radikale Terroristen". Schäden bei der Zivilbevölkerung wurden erst erwähnt, als ein Krankenhaus getroffen wurde, in dem auch westliche Ärzte arbeiteten. Ähnliche sprachliche Feinheiten waren und sind auch bei der Ukrainekrise gangundgebe. Dass die russische Medienlandschaft gleichermaßen einseitig informiert, ist keine

Entschuldigung für die sogenannte freie Presse im Westen. Es wird deutlich, dass sich die Medien willig in den Dienst der Machtblöcke stellen.

Dieses einseitige Verhalten der Medien ist ein Zeichen für mangelnden Respekt vor dem Publikum und vor der Demokratie.

Wir lassen diese Demokratie aus Bequemlichkeit vor die Hunde gehen, wenn wir nicht selbstbewusst, kritisch und hartnäckig hinterfragen. Wenn vor unseren Augen Feindbilder aufgebaut werden, ist dies ein Anlass zu höchstkritischer Aufmerksamkeit. In diesem Zusammenhang erinnern wir uns an den Bericht einer angeblich kuwaitischen Krankenschwester, wonach irakischen Soldaten in einem Kinderkrankenhaus Säuglinge gegen die Wand geschleudert haben sollen. In Wirklichkeit war es eine Diplomatentochter, die gar nicht vor Ort war und deshalb auch keinen einzigen irakischen Soldaten in der Kinderklinik gesehen hat. So wurde damals die westliche Zivilbevölkerung für den Bushkrieg in Kuwait präpariert.

9.
Vielfalt, Freiheit, Demokratie

Wo die Vielfalt fehlt, sind die Gefahren für die Demokratie allzu präsent.

Wir leben in einer Welt, wo korrupte Staatsmänner Wasserrechte an Multikonzerne verkaufen, die dann gerichtlich gegen verarmte Menschen vorgehen, weil sie das Wasser vom Dach ihrer Hütten auffangen und so gegen die gekauften Rechte der Konzerne verstoßen.

Diesen armen Menschen muss doch irgendwo eine letzte Freiheit verloren gegangen sein.

Es sind nicht nur Wasserrechte. Auch Saatgut, Pflanzen und Tiere werden patentrechtlich der Ausbeutung durch globale Konzerne sichergestellt. Dass irgendein skrupelloser Despot auch die Rechte an der Atemluft seiner Untertanen verkauft, lässt mich frieren bei der Angst, es könnte kein Witz sein.

Die Grenzen der Freiheit und Demokratie zeigen sich. Global agierende Konzerne verlassen in ihrem Wachstumswahn Moral und Ethik.

Es gibt unverkäufliche Freiheiten und Rechte, unverkäuflich im Sinne der Sittlichkeit. Unverkäuflich sind dann auch die Rechte auf Luft und Wasser. Um die Menschen vor den Gierigen zu schützen dürfen Rechte auf Grundbedürfnisse nicht privatisiert werden.

In vielen Branchen ist Wachstum nur noch auf Kosten der Vielfalt möglich. Die Großen fressen die Kleinen. Interessante Marktnischen werden ausgetrocknet und stillgelegt, um Monokulturen anzulegen. Junge phantasievolle Unternehmer können sich in dieser Landschaft nur schwer etablieren.

Diese Entwicklung soll durch Handelsverträge wie TTIP und CETA gesichert werden. Wo Großkonzerne gegen demokratisch getroffene Entscheidungen klagen können, wird die Souveränität des Staates, Bürgerrecht ausgehebelt. Zumal wenn dies noch nicht einmal vor einem ordentlichen Gericht, sondern vor einem Schiedsgericht geschieht, dessen Zusammensetzung vom Kläger mitbestimmt wird.

Der derzeitige Wirtschaftsminister, Sigmar Gabriel, kann nicht verstehen, dass so viele Menschen gegen die Handelsverträge TTIP und CETA sind. „Sie sind dagegen und kennen den Inhalt noch gar nicht", klagt er. Welche Vorstellungen hat dieser Minister von Demokratie und den Bürgern, die sie tragen sollen? Selbstverständlich muss der Bürger gegen Verträge sein, deren Inhalte ihm verheimlicht werden. Wir wollen die Diktatur der grauen Präsidentenflüsterer nicht haben. Soweit die Inhalte dieser Verträge bekannt sind, handelt es sich tatsächlich um einen putschähnlichen Anschlag auf die Demokratischen Rechte der Bürger.

Handelsverträge sind ein bewährtes Mittel um andere Staaten in Haft zu nehmen, bzw. die Bevölkerung, Bodenschätze oder beide auszubeuten. Mit fragwürdiger Entwicklungshilfe im Geleit von Handelsverträgen werden auch heute noch afrikanische Staaten ausgeplündert.

Nach dem Prager Frühling im Jahr 1968 wurde der Tschechoslowakei durch einen Handelsvertrag mit der UDSSR die Luft für wirtschaftlichen Umgang mit dem Westen genommen. Und heute wissen die Russen sehr wohl, dass ihnen die angestrebten Handelsverträge zwischen der Europäischen Union und der Ukraine großen Schaden einbringen werden.

Mit bestaunter Selbstgerechtigkeit werden Länder im arabischen Raum und in Afrika u. a. von Tyrannen befreit und „demokratisiert", um dann via Handelsverträge geknechtet und ausgeraubt zu werden. Im Irak, Libyen und anderen ehemaligen Kriegsschauplätzen wird sichtbar, was solche Pseudodemokratien wert sind.

Wir im Westen profitieren davon.

Schweigen bleibt unsere Schuld.

Demokratisch legitimierte Macht ist unantastbar und darf nicht global agierenden Konzernen übertragen werden. Der Gesetzgeber muss diese Konzerne so zuordnen und begrenzen, dass sie nicht systemrelevant werden. Systemrelevanz hat die Regierungen in der Bankenkrise zu milliardenschweren Rettungsaktionen gezwungen.

Im Wissen um diesen Zusammenhang hatten sich die Bankenbosse Freiheiten genommen, welche am Ende zur Katastrophe geführt haben.

Auch die Wirtschaftsbosse kennen diese Methode. Wir werden sehen, wie die Energiekonzerne die Rückbaukosten für die Atomkraftwerke dem Staat, d.h. dem Steuerzahler zuführen werden. Und wir sehen auch heute schon, wie die führenden

Autokonzerne sich bei der Entwicklung von schadstoffarmen Fahrzeugen zurückhalten, um staatliche Subventionen zu erpressen.

Politischen Entscheidungen wird die demokratische Grundlage entzogen. Weil dem Wahlvolk die notwendige Fachkenntnis für die richtige Entscheidung fehle, wird zuweilen behauptet.

So ist den egoistischen Interessengruppen das Tor geöffnet. Es kommen Entscheidungen zustande, die so ungerecht sind, wie sie bei einem falschen Votum der Bürger nicht sein könnten. Der Bürger kann sein Votum korrigieren, während die ungerechte Entscheidung der fremdgesteuerten Politiker nur gegen erheblichen Widerstand verändert werden wird.

Religionen dürfen nicht Machtinstrumente sein. Sie sind ein Teil der gewollten Vielfalt, haben aber ein ausgeprägtes Sendungsbewusstsein und werden deshalb die Vielfalt nicht selbst festigen.

Die ethischen Werte des Grundgesetzes stehen ihnen nicht zur Disposition, sondern die Methoden und die Spiritualität mit denen sie ihre wahre Aufgabe, die Seelsorge, erfüllen sollen. Gerade die Spiritualität braucht die Vielfalt der Religionen. Menschen sind unterschiedlich konditioniert und brauchen auf ihrem Weg des Werdens auch das vielfältige Angebot.

Heilige Bücher sind Quellen der Weisheit. In weltläufigen Dingen sind sie jedoch nicht mehr als ein Merkmal der Zeit, in der sie geschrieben wurden. Die moderne lebendige Religion wird ihre Lehren am heutigen gesellschaftlichen Leben relativieren und als Angebot für die suchenden Menschen vorstellen.

Demokratie braucht Raum, in der sie wachsen kann. Nur die Vielfalt in allen Bereichen des Lebens bietet die nötige Auswahl an. Um Monokulturen zu verhindern, müssen relevante Organisationen, Banken, Produktions- und Dienstleistungsbetriebe begrenzt werden. Der Wachstumswahn führt, zu Ende gedacht, zu allumfassenden Monokulturen.

Monokultur hieße Machtverzerrung durch Alternativlosigkeit. Sie ist der Rachen der Gierigen mit dem sie uns verschlingen wollen.

Die Demokratie braucht einen Nährboden. Die Menschen müssen sie wollen. Dies setzt angemessene Distanz zu allen emotionalen Begrenzungen voraus. Solange die Identität der Menschen vorwiegend von ihrer Religion bestimmt ist, taugen sie nicht für eine Demokratie. Auch die immigrationswilligen Kriegsflüchtlinge müssen dies verinnerlichen, wenn sie brauchbare Mitglieder unserer demokratischen Gesellschaft werden wollen.

Demokratie braucht Kraft. Sie wird von individueller Verantwortungsbereitschaft und Gestaltungsfreude getragen. Dies setzt soziale Sicherung und Freiheit voraus, die nur in Vielfalt und Toleranz möglich sind.

Diese Toleranz ist nur in Nächstenliebe denkbar.

10.
Das Wesen von Gut und Böse

Obwohl das Wesen des Menschen auf der Seite des Guten angelegt ist, gibt es doch das Böse. Ist es nur eine Frage der Definition?

Der Instinkt ist weder gut noch böse. Erst mit seiner bewussten Entscheidung überwindet der Mensch den Instinkt und erreicht die Ebene, wo das Bessere vom Guten und Bösen unterscheidbar wird. Als instinktgesteuerte Wesen machten wir uns mit dem ersten Sündenfall auf den Weg zu den Menschen, die wir heute sind. Am Anfang gab es das Böse wie das Gute nicht.

Die Früchte vom Baum des Wissens befähigen uns, bewusste Entscheidungen zu treffen. Vom archaischen Instinktverhalten ausgehend führte der Weg zum heutigen Menschen.

Die richtige Entscheidung führt uns auf den Weg. Die Falsche lenkt, auf zuweilen schmerzhaften Umwegen, zu der gleichen Entscheidung zurück. So entstehen Schicksalswege.

Das Ziel liegt in unerreichter Ferne.

Ausgestattet mit Begabungen, Stärken, Wünschen und Bedürfnissen bleiben wir unvollkommen. Doch jeder Schritt, der uns näher bringt, hat das Potential, glücklich zu machen. Dieses Glück können wir durch das Dickicht der irdischen Bedürfnisse und Wertvorstellungen wahrnehmen, indem wir relativieren, annehmen, ablehnen oder überwinden und darin die Schritte unseres Werdens erkennen.

Der Wunschlose ohne Ziel ist vollkommen auf seine Art.

Der Gott, der auf seine irdische Allmacht verzichtet, um uns den freien Willen zu geben, behält sie sich auf höherer Ebene vor, indem er Ziele in unsere Seelen pflanzt, uns aber auch mit Begabungen segnet und mit Bedürfnissen belegt. Als böse erscheint, wo die Bedürfnisse als zu überwindende Hindernisse im Wege stehen. Doch gerade im Überwinden spüren wir das Glück des Werdens.

Auch in der Überhöhung werden irdische Bedürfnisse zum Hindernis. In der Schwäche es zu überwinden wird uns oft das Böse artikuliert. In Wirklichkeit ist dies nur ein Defizit. In der Überwindung finden wir die Stärke, unseren Weg weiterzugehen.

„Ich bin ein Teil von jener Kraft, die stets das Böse will und stets das Gute schafft.“ [12]

Die Lösung beginnt mit Fragen. In Antworten zeigen sich Wege. Wo keine Fragen gestellt werden, läuft die Geschichte den Weg des geringsten Widerstandes, oft ins Verderben, weil sich nun die Macht um der Macht Willen durchsetzt. Dabei kann niemals mehr als ein Zufallstreffer herauskommen.

Der Vielfalt kommt die wichtigste Rolle zu. Sie ist die natürliche Gegnerin der Macht und garantiert zugleich den Fortgang der Schöpfung, indem sie Möglichkeiten schafft und Wege öffnet. Diese Vielfalt fordert uns die Entscheidungen ab, die auf unserem Wissen und Gewissen reifen. So ist nun einmal der

---

[12] Goethe, Faust, Mephisto im Studierzimmer

Gang der Welt. Jede Frucht vom Baum des Wissens führt uns weiter in die Verantwortung.

Nicht alles, was das Wissen möglich macht ist das Gute. Durch das zunehmende Wissen des Menschen entsteht auch Böses, das durch unsere Entscheidung überwunden werden muss.

„Empört euch", rief der 93jährige Stéphane Hessel kurz vor seinem Tod der europäischen Jugend zu. Dem schließe ich mich an. Doch die Empörung reicht nicht aus. Unsere Empörung muss in Gestaltungswillen münden. Wir müssen uns kümmern und aktiv gestalten. So werden wir dem Bild des verantwortungsbereiten Bürgers gerecht.

Bei jeder Entscheidung wählen wir zwischen den Möglichkeiten, die wir erkannt haben. Die unerkannten Möglichkeiten warten auf ihre Entdeckung. Neben die gute Lösung sind weniger gute oder kontraproduktive gestellt.

Als Betroffene neigen wir dazu, die weniger guten als böse zu verstehen. Weniger gut bedeutet indes verbesserungsfähig. Nicht Verurteilung, sondern an der richtigen Stelle korrigieren, ist angesagt. So nehmen wir die Verantwortung wahr, zu der uns die Entscheidungsfreiheit verpflichtet.

Ich will es tun [13]

*Kein Urteil soll mir die Sinne
zerreden, bevor ich beginne.*

*Ich will es tun,
Tag für Tag.
Mutig schreiten,
auf Berge steigen,
Ziele mit Bildern hellen,
Taten vor Zweifel stellen,
in der Schwäche Antrieb finden
und Kraft zu überwinden.*

(Xaverius)

---

[13] Nach einem Text von Albertus Magnus 1193-1280

Das wahre Böse liegt in der Lust, Macht um der Macht Willen zu spüren. Da wird dem Mitmenschen Schaden zugefügt, für das Gefühl, überlegen zu sein. Die Macht als Gegenteil der Liebe, die im Zerstören noch ein Gefühl der Stärke gibt, ist das eigentliche Böse.

Dieses Böse erscheint in Gemeinschaft mit der Selbstgerechtigkeit auch als Selbsterhöhung, die sich Rache anmaßt. Dann ist es im Grunde das Fehlen der Liebe, die Jesus gepredigt hat.

Die Zerstörung ist das Motiv des Antichristen im Christentum, des falschen Messias im Judentum oder des Daddschal im Islam. Diesem Motiv will ich hier keine Bilder geben.

Macht ist die unbewältigte Versuchung, „… das alles gebe ich in deine Macht, wenn du niederfällst und mich anbetest", lockte der Widersacher. „Weiche Satan", sagte Jesus.[14] Die Versuchung weicht zurück, bleibt jedoch präsent.

Nach dem gescheiterten Militärputsch in der Türkei erleben wir in beispielhafter Anschaulichkeit, wie ein Machthaber seine Macht lebt, indem er Angst und Unheil über vermeintliche Gegner bringt.

---

[14] Matthäus 4, 8-10

Aus der Gegenwart in die Zukunft

Das Auf und Ab ist ein Merkmal des Lebens. Verbesserungen und Fortschritte entwickelten sich in der Vergangenheit vorwiegend aus Ungerechtigkeiten, die in Katastrophen mündeten, um so den Baum des Wissens und Werdens zu düngen. Immer wieder führten schlimme Erfahrungen aus fehlgelaufenen Entwicklungssträngen zur Einsicht, zu Erkenntnissen und Schritten auf dem Weg des Werdens.

So wird es auch in Zukunft sein, wenn nicht wachsame Menschen die falschen Wege rechtzeitig markieren und nach den richtigen suchen. Am Anfang steht die Bestandsaufnahme. Hier bleibt sie unvollständig und beispielhaft. Sie will nicht mehr als eine Anregung sein.

1.
Die Übel in unserer Zeit

Russland:

Im Laufe des westlichen, vor allem des US-amerikanischen Hegemonial-Strebens wurde Russland nach dem Fall des Eisernen Vorhanges bis zur Unerträglichkeit in die Enge getrieben. Den westlichen Hardlinern war offensichtlich ein dringend benötigter Feind verloren gegangen. Russlands Angeboten, für eine friedliche wirtschaftliche Zusammenarbeit in Europa, hat sich der Westen bis zur Konfrontation verweigert.

Nachdem unter Jelzins ungezügeltem Kapitalismus der Korruption Tür und Tor geöffnet wurde, die dann ihre Brutalität offenbarte, trat Putin ein verkommenes Erbe an.

Anstatt sich aufzulösen oder zumindest für neue Aufgaben auszurichten, schob die NATO ihren militärischen Machtbereich bis an Russlands Grenzen vor. Das Land sollte offensichtlich durch Umzingelung mit militärischem Drohpotential gefügig gemacht werden. Vor allem sollte den unerfahrenen russischen Machthabern deutlich gemacht werden, wer nun die neuen Herren sind.

Als russisches Kernland, die Ukraine, aus dem Russisch/ukrainischen Wirtschaftsverbund herausgelöst werden sollte, wehrte sich Russland.

Es ging um Handelsverträge zwischen der Ukraine und der Europäischen Union, die bestehende Verträge zwischen Russland und der Ukraine ausgehebelt hätten.

Westliche provokative Einmischungen in Kiew führten zu Unruhen und zum Sturz der damaligen, demokratisch gewählten Regierung. Das Ergebnis führte zu einem bis heute nicht befriedeten Bürgerkrieg.

Dass Russland dabei auch zu militärischen Mitteln griff, zeigt, wie sehr es in anderen Bereichen schon geschwächt war.

Nun ist die Konfrontation zwischen Russland und dem Westen wieder hergestellt.

Das alte Feindbild, im Westen wieder aufgebaut, kann zur Manipulation der Menschen eingesetzt werden.

Irak:

Der Bushkrieg zur Befreiung Kuwaits hatte den USA noch nicht die angestrebte Kontrolle über Iraks Ölfelder gebracht. Nach dem Einsturz der Türme in New York war es bis zum nächsten Bushkrieg nur noch eine Frage der darstellbaren Rechtfertigung.

Nach der militärischen Okkupation wurde der Ansatz einer brauchbaren Demokratie versäumt.

Wo unter dem Diktator Saddam Hussein vorwiegend die Sunniten das Sagen hatten, bestimmen nun die Schiiten. Die sunnitische Armee des Saddam Hussein versammelte sich beim Islamischen Staat wieder.

Die neu gegründete irakische Armee versagte im Kampf gegen diesen IS kläglich.

Als Staatsgebilde ist der Irak nur noch ein Fragment seiner selbst. Metastasen unkontrollierter Macht zerfressen das Land. Die US-amerikanischen Interessen (Schutz der Ölfelder) werden von militärischen Privatarmeen mit rund 15 000 Mann wahrgenommen. Anhand dieser Lösung erklären die US-Amerikaner, sie seien im Irak so gut wie nicht mehr militärisch präsent.

Syrien:

Als einziger Mittelmeeranrainer hatte Syrien den Russen einen militärischen Stützpunkt zugestanden. Deshalb wurde der dortige Machthaber als undemokratisch und prorussisch verunglimpft.

Trotz begründeter Warnungen aller Experten wurde der sogenannte „Arabische Frühling" auch dort vom Zaun gebrochen, was zu einer Bürgerkriegssituation mit kaum überschaubaren Gemengelagen geführt hat.

Im Kampf um die Macht gibt es nun keine Skrupel mehr. Ausgehungerte Städte, Millionen Menschen in Zeltlagern, weitere Millionen auf der Flucht, systematische Vergewaltigungen, Rache und andere unvorstellbare Gräuel sind die Folge. Der Machtrausch ufert aus.

Leichtfertige Welterklärer reden inzwischen von einem Religionskrieg zwischen Sunniten, Schiiten und anderen religiösen Gruppen. Das ist aber kein Religionskrieg. Die Lehre von Sunniten und Schiiten unterscheidet sich so gut wie nicht.

Es ist der Krieg, der von Machtbesessenen unter Missbrauch der Religionen geführt wird. Es geht nicht um Religionen, sondern um Macht, die mit Religion gerechtfertigt werden soll.

Demokratie bleibt ein Fremdwort.

Ägypten:

Nachdem die Moslembrüder, durch demokratische Wahlen
an die Macht gekommen, keine willfährige Politik machten,
wurde die Demokratie wieder abgeschafft, die Macht von den
US-Hörigen Militärs übernommen. Von Demokratie wollen die
nichts hören.

Die Probleme im Nahen Osten stehen beispielhaft für andere, die Milli-
onen Menschen auf die Flucht nach Europa gebracht haben. Das Ende
dieses Menschenstromes ist noch nicht abzusehen. Hilfsorganisationen spre-
chen von mehr als 15 Millionen entwurzelten Menschen, die auf der Flucht
sind. Die Ursachen sind allemal Kriege.

USA:

Die Amerikaner haben eine hervorragende Demokratie, solange es um die ihnen naheliegenden Dinge geht.

Ihre Präsidenten wählen sie nach Gesichtspunkten, die mit
Weltpolitik wenig zu tun haben. Das Gute und das Böse erkennen sie im Nutzen und Schaden ihres täglichen Lebens.

So wird das weltweit imposanteste Machtinstrument, die
amerikanische Streitmacht, von Politikern kontrolliert, die von
den an der Weltpolitik am wenigsten interessierten Menschen
gewählt werden.

Klaffende Freiräume sind da von verantwortungslosen
Machtstrategen besetzt. Sie bringen sich vorwiegend als Berater
in Fachgremien und Ministerien ein.

Die gewählten Präsidenten sind entweder willige Instrumen-
te, wie Bush oder werden drangsaliert, behindert und bedrängt,
wie Obama.

Die schlimmste Demütigung für solche Präsidenten ist es, wenn sie Entscheidungen rechtfertigen müssen, die sie eigentlich nicht haben wollten. So hat z. B. Barak Obama es nicht geschafft, Guantanamo zu schließen.

Wir müssen davon ausgehen, dass nach Freilassung der dortigen Gefangenen, sehr unrühmliche Machenschaften der US-Administrationen ans Licht kommen werden.

Die Reihe dieser Beispiele steht stellvertretend für viele andere Ungereimtheiten auf dieser Welt.

Deutschland:

Als Angela Merkel 2005 zur Bundeskanzlerin gewählt wurde, sah ich in ihr die Verlegenheitskandidatin, auf die sich die Machtbesessenen in den Unionsparteien einigten, weil sie den fälligen Machtkampf wegen unübersichtlicher Gemengelage in ihrem Gefolge nicht wagten. In Erwartung einer widerlichen Demontage mit Gezerfe, Anfeindungen und Beleidigungen bedauerte ich damals die erste Kanzlerin in Deutschland.

Ich sollte mich täuschen. Sie hat es mit Flexibilität und hellem Gehör auf die Erwartungen der Bürger geschafft, ihre Position zu festigen. Bald war sie die Garantin der Macht und als solche unangreifbar.

Von Angela Merkel kamen nicht gerade die wegweisenden weltpolitischen Entscheidungen. Zu oft hat sie sich den Erwartungen der USA kritiklos gefügt. Der Rückwärtssaldo in der Kernenergie nach Fukushima betätigt allerdings ihr helles Gehör. Und die Erkenntnis, dass der US-amerikanische Einfluss in der Ukraine schädlich ist, spricht für diese Kanzlerin. Den unruhestiftenden amerikanischen Einfluss im Nahen Osten hat sie offensichtlich nicht verhindern können.

Die Quittung steht nun in Gestalt von Flüchtlingen vor unserer Tür.

Wir Deutsche können stolz darauf sein, dass viele von uns mit spontaner Hilfe Menschlichkeit eingebracht haben, und dass auch die Kanzlerin Merkel sich trotz egoistischer Störfeuer der Menschlichkeit nicht verschließt.

In humaner Höhe entschied sich die deutsche Kanzlerin für Menschlichkeit. Sie wollte helfen und bedachte nicht, dass Menschlichkeit den Machtbesessenen Schwäche signalisiert.

Nun geschieht, was ich nach ihrer ersten Wahl erwartet habe. Mit Hinweis auf Überforderung, bzw. unübersehbare Kosten wird sie von den Machtgierigen der eigenen Partei zum Abschuss freigegeben. Eine Kanzlerin mit menschlicher Größe passt nicht in ihr Weltbild. Was sie als Alternative vorschlagen, ist widerlich. Menschen, die um Ihr Leben laufen, sollen mit der Waffe aufgehalten werden.

Sie wissen genau, dass es nicht geht, aber die Gelegenheit ist günstig. Die Stammtischargumente werden von der PEGIDA geliefert, dafür sind diese Jagdtreiber gerade gut. Man muss sie nur noch stubenrein machen.

Wollen die Menschen in Deutschland Kriegsflüchtlinge vor der Haustüre erfrieren lassen? Nein, nein, NEIN, das wollen sie nicht. Sie wollen, dass alle Politiker und auch andere Schwätzer die Ärmel hochkrempeln und ihre Arbeit machen, nämlich das, was die Mehrheit will:

Sie will, dass Kriegsflüchtlinge, die sich integrieren wollen, aufgenommen und versorgt werden. Sie sollen in echter Willkommenskultur, über das, was sie erwartet und von ihnen erwartet wird, informiert werden. Um dies zu schaffen, müssen unechte Kriegsflüchtlinge separiert werden, sodass auch die echten Flüchtlingszahlen erkennbar werden. Wer kein Asylrecht hat, muss in Vereinbarungen mit den Herkunftsländern zurückgeführt werden. Um dort auf humane Standards zu kommen, ist auch politischer Druck erlaubt.

Es geht um Menschenleben. Keiner kann von uns verlangen, dass wir Menschen sterben lassen, um Wirtschaftsflüchtlinge zu schonen. Wir wollen auch das Machtgezerfe nicht. Wir wollen Lösungen, die uns nicht zu Unmenschen machen. Und keiner soll erzählen, es sei finanziell nicht tragbar. Wenn die Extrem-Reichen dieses Landes einige Jahre lang etwas langsamer noch reicher werden, kann das niemand schaden.

Gewiss, es wird uns Mühe abverlangen. Gesetze müssen geändert, andere neu formuliert werden. Viel diplomatische Arbeit wird notwendig sein, um Frieden zu schaffen, die Fluchtursachen zu beseitigen.

Alle Flüchtlinge, auch die, die wieder in ihr hoffentlich einmal befriedetes Heimatland zurück wollen, sollen am Integrationsprogramm teilnehmen. Die endgültige Entscheidung soll ihnen bis dahin offenbleiben.

Die bessere Lösung wären natürlich Frieden und menschenwürdiges Auskommen in Sicherheit.

Dafür kann Deutschland auf diplomatischen Wegen kämpfen. Alleine schaffen werden wir es nicht.

Militärische Mittel sind ungeeignet.

Die unselige Situation im Nahen Osten ist auch durch Waffenlieferungen aus Deutschland verschärft worden. Waffen sind in solchen Ländern immer vagabundierendes Unheil.

Auch die zurückgefahrene Hilfe für die dortigen Flüchtlingslager hat verzweifelte hungernde Menschen zum Aufbruch nach Europa gezwungen. Nun kann noch Menschlichkeit helfen. Sie ist nicht Schwäche, sondern Stärke.

Menschlichkeit muss der Leitfaden des Handelns sein.

Wäre es nicht tragisch, könnte es komisch sein.

Nach den Ereignissen in der Kölner Silvesternacht haben Behörden vorauseilend, in vermeintlich an die Erwartungen der Politiker angepasste Bericht abgegeben.

Hat die Wahrheit ihren Wert verloren?

Polizeiberichte, die ausländische Herkunft der Straftäter verheimlichen, um die Stimmung im Volk zu formen, sind Unfug, eine Entmündigung und versuchte Manipulation. Auch sie sind eine Form der Ausgrenzung. Vor allem führen sie zu wilden unheilsamen Spekulationen. Übergriffe sind gerade dann, wenn sie auf kulturelle Unvereinbarkeiten zurückgeführt werden können, ein gemeinsames Problem und dürfen nicht der Aufarbeitung entzogen werden.

Die Wahrheit muss unantastbar bleiben. Nur so kann man sie vor Missbrauch schützen. Nur so erkennt jeder seine Verantwortung.

Wir wissen alle. In jedem Land und jedem Volk gibt es Verbrecher, und wir wissen auch, dass seelische und materielle Not Straftaten begünstigen. Da ist es hilfreicher, Hintergründe darzustellen.

So kann sich jeder ein reales Bild dieser Welt machen und Verständnis entwickeln. Das zeigt unsere Verantwortung auf, und wird auch den neu Angekommenen helfen, zu verstehen, wenn wir einmal nachdenklich sind.

Vor allem wird der Hetzpropaganda ein gefährlicher Stachel genommen. Wer sieht, dass er manipuliert werden soll, fühlt sich verachtet und schlägt um sich.

Wir müssen uns auch fragen, wie deutsche rechtsextreme Hassprediger zu ihrem Gefolge kommen.

Im Grunde ist es, wie auch bei islamischen Hasspredigern. Diese Menschen fühlen sich sozial, auch gesellschaftlich ausgeschlossen, entwürdigt und suchen bzw. schaffen sich eine Ersatzgesellschaft, in der sie wahrgenommen werden und ihre Rolle finden.

Da muss so manche Überheblichkeit, Selbstgerechtigkeit und Bequemlichkeit aller, besonders der Politiker kritisch besehen werden.

Gerade die haben doch die Pflicht, unsere Gesellschaft offenzuhalten.

Selbstverständlich müssen im Dialog zwischen oben und unten demokratische Regeln vorgelebt und durchgesetzt werden, damit sich keiner von der demokratischen Willensbildung ausgeschlossen sieht. Wo egoistische Ziele gegen humanitäre stehen, muss der Politiker bekennen, damit der Wähler entscheiden kann. Auch humanitäre Ziele sind mehrheitsfähig.

Politiker wollen gewählt werden. Selbstdarstellung ist ihr Geschäft. Das ist weder gut noch böse, sondern normal, weil es in der Demokratie nicht anders geht. Die Frage lautet: Wie aufrichtig ist diese Selbstdarstellung.

An dieser Stelle sei noch einmal gesagt: Nicht die lauten und marktschreierischen Populisten, sondern die leisen und besonnenen spüren die Verantwortung in der sie stehen.

Wir kennen die Situation: Wenn Piloten, Lockführer oder Müllmänner streiken, ist dies im öffentlichen Leben sichtbar. Deshalb werden solche Streiks wahrgenommen und grenzen zuweilen an Erpressung. Sie bewegen die Öffentlichkeit. Alle Politiker wollen sich in der Diskussion darstellen.

Wenn Pfleger und Helfer in den Krankenhäusern und Altenheimen aus wesentlich triftigeren Gründen streiken, laufen sie Gefahr der Pflichtverletzung bezichtigt zu werden, weil die Patienten darunter leiden können, was ja nicht sein darf.

Gerade solche Fälle, wenn sie vorkommen, werden dann in den Medien ausgewalzt. Dann ist das Geschrei groß. Die Anliegen der Streikenden werden in den Hintergrund gerückt.

Nur die verantwortungsvollen Politiker werden sich noch um die Bedürfnisse des Pflegepersonals kümmern.

2.
Kriege

Kriege sind eine unmenschliche Katastrophe, inszeniert oder in Kauf genommen von Kräften, die von Macht und Geld besetzt sind, die so ihren egoistischen Zielen näherkommen, oft auch ihre primitiven Bedürfnisse befriedigen wollen.

Um Kriege zu verhindern, dürfen wir genau dies nicht zulassen. Unsere Waffe ist die konsequente Demokratie.

Kein normaler Mensch will Krieg.

Heldentod ist eine Erfindung von verantwortungslosen Despoten und himmlische Jungfrauen, als Lohn für den Märtyrer, sind eine sexistische Abart derer, die sie versprechen.

Krieg ist immer ein Verbrechen.

Eine Folge der Kriege zeigt sich in Gestalt von Flüchtlingen. Menschliche Not stellt nun auch uns vor neue Aufgaben. Auch die Begegnung mit anderen Kulturen wird uns noch lange beschäftigen.

Solange wir unserem menschlichen Engagement treu bleiben, haben wir Grund genug, unsere Kultur und unsere Werte in der Welt, auch gegenüber den Flüchtlingen zu vertreten und Achtung zu erwarten. Zur Willkommenskultur gehört deshalb, dass wir die Flüchtlinge mit unseren Werten und Erwartungen vertraut machen, und das möglichst ohne religiös ver-

Kriege werden heute nicht mehr gewonnen. Dies würde bei dem gegebenen Vernichtungspotential die Ausrottung von Ethnien bedeuten. Kriege werden in Waffenstillstandsabkommen eingeschläfert.

Dies liegt durchaus im Interesse der Präsidentenflüsterer. So kann man Kriege nach Belieben wiederbeleben.

Kriege werden vorbereitet.

Man kann sie mit Waffen führen. Mit Waffen wird Geld verdient.

Machtbesetzte kriegsbereite Primitivlinge sind überall zu finden. Sie brauchen nur noch eine Ideologie, und schon kracht es.

Verhandlungen werden abgelehnt, weil der zum Feind erklärte Gegner ein Verbrecher ist, mit dem man nicht verhandeln kann.

So werden uns Kriege erläutert.

Es beginnt immer mit einer Lüge.

Die öffentliche Meinung wird mit raffinierten Methoden manipuliert. Den Präsidentenflüsterern ist keine Falschmeldung zu plump. Wenn es dann einmal Tote gibt, wird Waffenruhe mit unerfüllbaren Forderungen verhindert. Die Forderung nach dem

Rücktritt des gegnerischen Machthabers ist die sicherste Strategie um Waffenruhe zu verhindern.

Menschen werden als Unmenschen dargestellt, Rachegelüste geweckt. Am schlimmsten sind die Unholde, die mit religiöser Bigotterie und Wahn aufhetzen.

Kriege werden nicht nur mit Raketen und Kanonen, sondern auch mit Meinungsbildung geführt. Zivilbevölkerung wird als Schutzschild missbraucht, eben auch geopfert, um die weltöffentliche Meinung wie eine Waffe zu handhaben. Auch das ist moderne Kriegsführung. Am Anfang steht die Lüge.

Cyberangriffe auf lebenswichtige Versorgungszentren werden fast täglich geübt. Welche Schäden mit elektronischen Datenströmen angerichtet werden können, mag der Laie nur ahnen.

Kriege haben das Ziel, anderen Menschen zu schaden. Deshalb sind sie, in welcher Form auch immer, ein Verbrechen.

Kriege könnten einfach abgeschafft werden, indem man den Menschen Nutzen und Schaden der Kriege aufgezeigte, und sie dann entscheiden ließe, ob sie sich dafür gegenseitig umbringen wollten.

Der Nutzen liegt immer bei machtbesetzten Kräften und der Schaden beim Volk.

Eine weitere Form des Krieges sind Handelsverträge, mit denen Völker oder gar Kontinente in die Abhängigkeit von weltweit agierenden Konzernen gezwungen werden.

Dabei wird mit bemerkenswerter Skrupellosigkeit agiert. So wird zurzeit mit unverfrorener Dreistigkeit versucht, die Handelsverträge TTIP und CETA durchzusetzen, dabei aber konsequent der Inhaltstext verheimlicht. Ist es denn nicht normal, dass ein Vertrag, dessen Inhalt unbekannt bleiben soll, abgelehnt wird.

Welche Vorstellungen von Demokratie haben Menschen, die sich über solche Selbstverständlichkeit hinwegsetzen wollen.

Die Handelsverträge CETA und TTIP sind, soweit erkennbar, auch dazu angelegt, die wirtschaftliche Kooperation zwischen Westeuropa und Russland zu verhindern. Dabei wäre die im Grunde viel natürlicher, als die Atlantische. Freihandelszonen dürfen nicht das Instrument sein, mit dem andere Partner wirtschaftlich niedergeknüppelt werden. Diese Verträge dürfen nicht in Kraft treten, solange die Folgen verdunkelt bleiben.

3.
Was wollen diese Präsidentenflüsterer?

Sie stehen für die Interessen der Menschen, denen Geld Macht verleiht. Deren Credo lautet: Alles und jeder ist käuflich.

Skrupel und Ethik sind eine Schwäche derer, die dem Geld die Gefolgschaft verweigern. Diffamierend werden sie auch Gutmenschen genannt.

Präsidentenflüsterer wollen Einfluss auf die Regierenden, besonders auf Gesetze, die ihren Interessen dienen.

Sie haben durchaus Moral. Doch die hat sich auf einer irrealen Ebene etabliert. „Wenn die Menschen kein Brot zu essen haben, dann sollen sie doch Kuchen essen", sagte die Königin Marie-Antoinette kurz vor der Französischen Revolution.

Eigene Interessen brauchen keine Rechtfertigung. Es kommt nur darauf an, ihnen eine scheinbare Legalität zu verschaffen. Falls dies nicht gelingt, sie auf verdeckten Wegen durchzusetzen.

Am Ende profitieren immer die Wenigen, die immer reicher werden. Das Gefühl, mächtig zu sein, rechtfertigt ihnen ihr Tun.

Auf der Erde leben 7,3 Milliarden Menschen. Laut einer Erhebung kontrollieren die 62 Reichsten von ihnen die Hälfte allen Vermögens.

Wer bastelt Gesetze, die solches möglich machen?

Es ist nicht sicher, dass diese Menschen auch das Ziel vor Augen haben, zu dem ihr Handeln letztlich führte, sofern sie nichts aufhielte.

Der ungebremste Wachstumswahn ist im Grunde ein ungebremstes Machtbegehren. Es kann in einem alles umfassenden Weltmonopol enden oder, was wahrscheinlicher ist, in eine unendliche Kette von Katastrophen führen.

*Die Menschheit hat die Wahl zwischen Knechtschaft in einem alles be-
herrschenden Monopol oder demokratischer Freiheit in der Vielfalt, die der
Schöpfung dient, uns aber eigenen Gestaltungswillen abverlangen und Mühe
bereiten wird.*

4.
Die „freie" Marktwirtschaft versagt

Man sieht es an den Abhängigkeiten, die von global agierenden Gesellschaften gezielt herbeigeführt werden. So sind viele afrikanische Länder vom Saatgut des US-amerikanischen Konzernes Monsanto abhängig.

Dieses Unternehmen versucht zurzeit in Europa genmanipulierten Mais durchzusetzen, obwohl die Erfahrungen in Süd- und Nordamerika negativ waren und lediglich den Absatz von angepassten Pflanzenschutzmitteln sicherten.

Die europäischen Länder haben sich dem Genmais zwar vorerst widersetzt, aber was in den Handelsverträgen TTIP und CETA steht, ist noch geheim und wird mit Sicherheit nicht ohne Folgen bleiben.

Die Weltkonzerne Bayer, Monsanto, Syngenta u. a. verfolgen nun ihre Ziele, indem sie sich Pflanzen und Tiere patentrechtlich schützen lassen.

In den USA hat diese Methode zum Ruin und verzweifelten Suiziden von Landwirten geführt.

Sie wurden auf Schadenersatz verklagt, weil sie nach Darstellung von Monsanto durch unkontrollierbaren Pollenflug an den Errungenschaften der Genmanipulation profitiert hätten.

Man kann es auch so sehen: Sie wurden ruiniert, weil sie das genmanipulierte Saatgut nicht haben wollten und ihre Felder durch unkontrollierbaren Pollenflug verseucht wurden. Von Profitieren kann da wohl keine Rede sein.

Aber nicht nur genmanipuliertes Leben von Tier und Pflanze, sondern auch ganz normale natürliche Züchtungen wollen sie sich schützten lassen. Falls dies gelänge, bedeutete es Abhängigkeit, in letzter Konsequenz Zuchtverbot für den Rest der Welt. Universale Monokulturen lägen noch mehr als heute im Interesse dieser Konzerne.

Die Vielfalt, die sich in Anpassung an die meteorologischen und geologischen Gegebenheiten entwickelt hat, und aus der sich die Schöpfung immer bediente, ginge endgültig verloren.

Ein anderes Beispiel für Abhängigkeit: Entgegen aller Vernunft wurde in Deutschland das staatliche Rentensystem amputiert, damit die privaten Rentenversicherer als Retter in der Not ihre Plattform fanden. Die Folge war: Die Versicherten-Beiträge landeten als Kredite in Griechenland oder in anderen unseriösen Spekulationspapieren. Die beteiligten Banken und Versicherungen mussten am Ende, weil systemrelevant, vom Steuerzahler gerettet werden. Bei den gegenwärtigen Minuszinsen ist die private Rentenversicherung eine moderne Form des Raubrittertums.

Diese Beispiele zeigen, worauf es dem Turbokapitalismus ankommt: Auf Abhängigkeiten, die es den Konzernen erlauben, Bürger oder Regierungen zu erpressen.

Die Soziale Marktwirtschaft nach Alfred Müller-Armack, wie sie von dem legendären Ludwig Erhard unter Adenauer durchgesetzt wurde, hatte wohl den richtigen Ansatz. Dass in

Deutschland dieser Weg nach dem Fall des Eisernen Vorhanges und der Wiedervereinigung zugunsten eines brutalen Turbokapitalismus verlassen wurde, ist eben auch dem Einfluss der omnipräsenten Präsidentenflüsterer zuzuschreiben.

Natürlich dürfen lebenswichtige Werte und Güter niemals der ungeregelten Privatisierung preisgegeben werden. So sind zum Beispiel Wasser, medizinische Versorgung, Rentenversorgung, bei besonderen Bedingungen auch Energie oder Grundnahrungsmittel keine Güter, die unkontrollierten Spekulationen in der „freien" Marktwirtschaft überlassen werden dürfen, weil sie Abhängigkeiten zulassen, und so die Menschen oder den Staat erpressbar machen.

Um dem Klimawandel entgegenzuwirken, muss die Luftverschmutzung durch Energieerzeugung und Motorabgase reduziert werden. Das ist nun schon seit Jahrzehnten bekannt. Genau so lange werden von den betroffenen Konzernen Milliardengewinne eingestrichen und die Umwelt verhöhnt.

Die Anstrengungen der Autoindustrie abgasfreie Fahrzeuge auf den Markt zu bringen, sind bis heute erbärmlich geblieben. Inzwischen werden ganz unverhohlen Subventionen für die Markeinführung gefordert.

Dabei werden entgegen aller Notwendigkeiten die Fahrzeuge immer sperriger und mit immer stärkeren luftverschmutzenden Motoren ausgerüstet, was die Unvernunft der Kunden offenlegt und deshalb nach gesetzlicher Regelung schreit.

Auch die Atomkraftwerke sollen abgeschaltet werden. Die werden nun von ausgegliederten Tochterunternehmen zurückgebaut, die steuerlich absetzbare Verluste machen und den staatlichen Subventionen nahegebracht werden.

An diesen Beispielen wird deutlich, wie sich die Konzerne allgemein nützliche Leistungen bezahlen lassen. Den Wirtschaftsführern kann dabei nichts vorgeworfen werden, dieses Handeln wird ihnen in der Ausbildung beigebracht. Sie müssen so handeln, weil auch alle Wettbewerber tun. Hier wird die Freiheit des Handelns von Interessengruppen zum Schaden der Gesamtgesellschaft wahrgenommen. Der Steuerzahler darf bezahlen, an den Gewinnen ist er nicht beteiligt.

Natürlich braucht eine Wirtschaft auch Wachstum.

Wachstum ist per se nicht schlecht. Es darf allerdings nicht die Vielfalt auf den Märkten reduzieren und soll vor allem auch zum Wachstum der Lebensqualität führen. Deshalb sind Kontrolle und Leitplanken notwendig.

5.
Was können wir tun

Die Industriealisierung hat mit der Entwicklung der Industrieroboter ihren vorläufigen Höhepunkt erreicht. Der Dreidimensionendrucker, 3-D-Drucker genannt, wird eine Ergänzung hinzufügen, die von den nutzbaren Werkstoffe bestimmt und noch nicht einzuschätzen ist. Der Bedarf an Rohstoffen wird reduziert werden. Auch neue Rohstoffe werden zum Einsatz kommen. Die sichtbare Welt wird sich verändern. Menschliche Arbeitsleistung wird in einer weiteren Ebene durch Maschinen ersetzt, und neu bewertet werden. Den arbeitenden Menschen werden höhere Qualifizierung und Spezialisierung abverlangt.

Die Herstellung von Bedarfsgütern wird immer weniger menschliche Arbeitskraft beanspruchen. Ein freiwerdendes Potential an Kreativität wird Raum zur Verwirklichung suchen.

Dieser Kreativität müssen alle Bereiche des Lebens geöffnet werden, ganz besonders auch der Kunst. In das Zentrum gerückt, kann sie zum erfüllten Leben führen. Der Mensch muss am Anfang stehen und am Ende bestehen. In der Zuwendung zum Künstlerischen wird auch der Umgang miteinander, neue Qualität finden.

Nach den Umwälzungen in der Industrie stehen Veränderungen im Geistigen an. Eine global gültige Ethik wird weiterentwickelt und formuliert werden müssen. Sie wird Bedürfnisse wecken und zum Bestandteil unserer Identität werden.

Die Religionen können und sollen sich auf ihre Spiritualität besinnen, um sie weiter zu entwickeln. Die Menschen werden sie suchen. Sie wird ein neues Bedürfnis sein. Wir werden an den Punkt kommen, wo die meisten Menschen ihre neue Freiheit entdecken, aus dem Halbschlaf, der manipulierbare Masse erwachen, und mit neuem Bewusstsein diese Welt wahrnehmen. Spiritualität kann da befruchtend wirken.

Wir stehen wieder einmal in der faustischen Situation, wo das Ende einer Entwicklung zum neuen Anfang wird. Die Möglichkeit auf die Schöpfung einzuwirken, ruft uns zur neuen Verantwortung. Sie wird nur auf demokratischen Fundamenten tragbar sein. Die brauchen phantasievolle gestaltende und verantwortungsbereite Architekten.

Entscheidungen via politische Repräsentanten werden ihre Bedeutung verlieren. Die individuellen Entscheidungen, die dem freien Bürger mit ausgeprägter Individualität zustehen, werden an ihre Stelle treten. So wird die repräsentative Demokratie zugunsten von basisdemokratischen Entscheidungen zurücktreten, nicht nur bei regionaler, sondern auch bei allgemeiner und grundsätzlicher Bedeutung. Interessen einzelner Gesellschaftsgruppen müssen begründet, und mit den voraussichtlichen Folgen für alle dargestellt werden.

Die Menschen werden lernen, mit ihren fehlerhaften Entscheidungen umzugehen. Wenn sich eine basisdemokratische Entscheidung nicht bewährt, muss sie auf demselben Weg schnell korrigiert werden können. Dies ist effektiver als ein rechthaberisches Gezerfe mit lobbygesteuerten Repräsentanten.

Den gewählten Repräsentanten bleibt die Aufgabe, politische Entscheidungen in ihren Konsequenzen darzustellen, zu formulieren und der basisdemokratischen Entscheidung zuzuführen. So wird die Verantwortung in die Ebene geführt, wo auch deren Konsequenzen getragen werden müssen.

Die Welt ohne Wachstum widerspricht dem natürlichen menschlichen Streben. Der Konzentration von Macht darf es freilich nicht dienen. Ziele müssen gesetzt und Abläufe geordnet werden, ohne die Kreativität zu begrenzen. Wo Versorgungsgüter mit immer weniger menschlichen Arbeitsaufwand produziert werden, soll auch die Lebensqualität als Ziel des Wachstums aufgestellt sein.

Ein bedingungsloses Grundeinkommen wird ein Thema der Zukunft werden. Gleichschaltung ist nicht gemeint. Wer mehr leistet, soll auch mehr bekommen. Grenzen nach oben sind dabei angezeigt, damit auch das soziale Engagement der Idealisten angemessen honoriert werden kann. Das gesellschaftliche Ansehen liegt schief, wenn es nur am Einkommen und nicht auch an den sozialen Leistungen der Menschen gemessen wird. Seriöse Medien werden relevante Werte darstellen. So kann der humane Mensch als Mittelpunkt der Gesellschaft bestehen.

Dies ist freilich nur der gedachte Idealfall.

Nicht alle menschlichen Bedürfnisse sind harmlos. Sie wahrnehmen, zulassen und mit denen der Mitmenschen vereinbaren, wird die alte und neue Herausforderung sein.

Das Bedürfnis nach sozialer Absicherung ist natürlich. Auch Wahrnehmung, Anerkennung und Würdigung sind Bedürfnisse, deren Erfüllung ein Akt der Nächstenliebe ist. Ungestillt äußern sie sich im Geltungshunger und verbrüdern sich mit Machtanspruch, im tragischen Fall mit Extremismus. Die sind das Gegenteil von Liebe. In geistiger Arbeit hat sich der Mensch damit auseinanderzusetzen, um Schwächen zu überwinden. Hier dürfen Religionen wirken, solange sie nicht in Dogmatismus verfallen. Ihre Argumente müssen in der demokratischen Praxis bestehen.

Kollektive bleiben unvermeidbar. Sie bieten Nestwärme, laufen dabei immer Gefahr, zu verkrusten. Deshalb ist der geistige Austausch mit anderen unverzichtbar. Kollektive werden zu illegalen Machtzentren, wenn der Austausch mit der Umwelt fehlt. Dann sind sie dem Missbrauch ausgesetzt, und Egoismen stehen im natürlichen Widerspruch zu den Interessen der Allgemeinheit.

Auch hier tritt der Machtanspruch gegen (die Nächstenliebe) das soziale Verhalten an.

Das Unheil entsteht, wo Entscheidungen außerhalb der demokratischen Normen getroffen werden oder der Wähler getäuscht wird, sodass er den falschen Entschluss mit seiner Stimme honoriert. Auch deshalb ist es so wichtig, jede Entscheidung auch schnell korrigieren zu können.

Bürger und Demokraten die Verantwortung tragen, sind auf wahre und eingehende Information angewiesen. Allzu gleichlautende Nachrichten von verschiedenen Seiten sind immer ein Grund zu misstrauen. Sie deuten auf eine gemeinsame Quelle hin. Großgedruckte Titel mit Fragezeichen sind noch leicht als Manipulationsversuche zu erkennen. Subtiler werden sie durch Beschreibungen wie: gemäßigt, aggressiv, terroristisch, prorussisch, prowestlich usw. eingebracht. Adjektive und Adverbien sind die Warntafeln im Nachrichtenblock.

Wir können unseren Blick schärfen, indem wir auf die Interessen der Quellen sehen. Wenn wir unsicher sind, manipuliert zu werden, müssen wir dies prüfen.

Das Internet bietet die Möglichkeiten.

Es gibt keine gemäßigten Rebellen, gemäßigt wären es keine Rebellen. Prorussisch ist nicht automatisch feindlich gesinnt. Westlich orientiert ist nicht immer menschenfreundlich. Ein Gutmensch ist nicht naiv und dümmlich. Ein Verschwörungstheoretiker verdreht nicht immer die Tatsachen. Mit solchen Begriffen wird manipuliert.

Nachrichten mit Belang auf das Ansehen von Personen, Religionen oder Völker müssen hellhörig machen. Meldungen aus anderen Ländern rücken die Dinge zuweilen ins richtige Licht. Praktiziertes Misstrauen ist eine Übung, bei der wir lernen, Nachrichten von manipulierenden Kontexten zu befreien und realistischer zu interpretieren.

Der Begriff Lügenpresse steht, auch wenn er ungerecht ist, für fehlendes Vertrauen der Bürger. Die Medien haben Grund darüber nachzudenken, warum dieses Vertrauen verloren ging.

Wurden die offiziellen Verlautbarungen einzelner Politiker allzu vertrauensselig als seriöse Nachricht und nicht als deren Meinung verkauft? Ist ihnen der Einfluss der Präsidentenflüsterer auf offizielle Verlautbarungen noch nicht aufgefallen? Haben sie nicht begriffen, dass gerade dieser Einfluss eines ihrer Werkzeuge ist?

Pressefreiheit ist lebenswichtig für die funktionierende Demokratie. Sie ist ein Privileg das die Journalisten zu eigenen Recherchen und Präzision verpflichtet. Die monetäre Unabhängigkeit muss den Medien notfalls durch Subvention und öffentliche Kontrolle gewährleistet werden. Gewinnmaximierung schadet der Qualität journalistischer Arbeit.

Es ist bemerkenswert, wie selten ethische und humane Werte in den Verlautbarungen und den Argumenten von Politikern vorkommen. Haben sie eine Scheu davor, diese zu benutzen? Auch die ehrenamtlichen Helfer in Flüchtlingsheimen kommen im bundesdeutschen Nachrichtenwesen gar nicht oder nur im lokalen Teil vor.

Hat das Unwort Gutmensch soviel negative Wirkung, dass ideale Werte nur noch verschämt in die Öffentlichkeit getragen werden? Da wird stillschweigend unterstellt, dass wir für humane Ideale weniger empfänglich sind als für materielle egoistische Werte.

Warum? Das müssen wir uns selbst fragen. Sind wir, das Volk und Publikum, auf der humanen Schiene nicht mehr erreichbar?

Die Erfolge des US-Präsidentschaftskandidaten Donald Trump zeigen, wie erschreckend gut dort der primitivste Populismus ankommt. Die Menschen reduzieren sich, auf gedankenlose, hurraschreiende Kinder. Dies ist ein Rückschwingen im anstehenden Reifungsprozess des Bewusstseins. Wir wissen, dass sich Entwicklungen immer im Vor- und Rückschwingen vollziehen. Deshalb dürfen wir daran nicht verzweifeln.

Auch in Europa greift der Rechtspopulismus um sich. Diese Entwicklung muss in ihren Ursachen bekämpft werden. Humane Werte lassen sich in Argumenten würdigen und in die Entscheidungsfindung hineintragen. Auch Moral und Ethik lassen sich, von Egoismen befreit, in Stellung bringen.

Es darf nicht sein, dass der primitive Egoismus sich hinter Pseudowerten verbirgt. Die Betonung der deutschen oder europäischen Werte ist Unfug, wenn nicht klar ist, was das konkret im Einzelfall sein soll. Moral ist nicht der eigenen Nation vorbehalten.

Die europäische Zivilisation muss nicht nur nach außen, vor allem gegen die innere Zersetzung durch populistische Agitation verteidigt werden.

Natürlich ist die heile Familie ein erstrebenswertes Bild. Trotzdem dürfen andere Bilder nicht zerstört werden. Was Randgruppen nicht schadet, ist ein Beitrag zur Vielfalt, aus der sich die Schöpfung bedient. Schöne Bilder lassen sich leicht in die Welt setzen und auch rechtfertigen, wenn die Verantwortung für die negativen Folgen für Minderheiten einem anonymen Volkskollektiv angelastet wird. Das hatten wir schon einmal.

Freilich werden die globalen Katastrophen auf der internationalen Bühne geschaffen. Man nennt sie Kriege. Wir sehen hin und erkennen:

Die Völker dieser Erde haben ein Problem.

Nach dem Zweiten Weltkrieg wurden die USA als Retter gefeiert und in eine Führungsrolle gedrängt, aus der sie nicht wieder herausgekommen sind. Ihre haushoch führende militärische Macht ist für gewissenlose Machtstrategen das Begehrenswerteste, dessen man sich bedienen kann.

Die militärische Stärke der USA ist das Instrument, unter dessen Mantel die Präsidentenflüsterer weltweit ihr Unwesen zu treiben versuchen. Und zuweilen gelingt es ihnen.

Spätestens jetzt müssen wir jene erkennen, die vor bewaffneten Auseinandersetzungen nicht zurückschrecken. Kriege entstehen nicht von selbst. Sie werden geplant, angezettelt und provoziert von Menschen, deren Unmenschlichkeit dargestellt, deren Namen genannt, und die zur Verantwortung gezogen werden müssen.

Es geht nicht um Strafe, sondern um das Erkennen, an der sie un-schädlich gemacht werden.

Sie agieren im Nebel der oberflächlichen Nachrichten-schwemme. Ihre Macht ist die Macht des Geldes. Die Mittel sind Einfluss auf die Gesetzgebung und meinungsbildenden Medien, Agitation bei Massenveranstaltungen, fragwürdige Demonstrationen, Provokationen und Ausgrenzung der befeindeten Gegner.

Es geschieht vor unseren Augen und wird durch dubiose Kontexte verdaulich gemacht. Solchen Manipulationsversuchen sind wir sehr oft ausgesetzt, und nicht immer durchschauen wir sie auf Anhieb.

Ob es Präsidenten, Minister oder Senatoren sind, europäische Regierungschefs mit ihrer Administration oder andere verantwortungslose Despoten auf dieser Welt, darf keine Rolle mehr spielen. Wir müssen sie erkennen und uns wehren.

Wir dürfen nicht schweigen, weil uns das Schweigen zur
Schuld wird.

Der Kampf um die Macht enthemmt die Menschen. Deshalb kann er sehr schmutzig sein. Wenn es um Macht geht, kennen die Mächtigen keine Gnade. Demokratie ist unsere Waffe. Wir wollen sie hegen und pflegen. Wo sie schon ausgehöhlt ist, muss sie wieder kraftvoll aufgefüllt und gelebt werden. Wir müssen sie wollen und verteidigen, damit unsere europäische Demokratie auch für Andere ein erstrebenswertes Ziel bleibt.

Sie ist die einzige Staatsform, die den schädlichen Einflüssen der verantwortungslosen Kräfte widerstehen kann.

Die Menschen haben ein gutes und sicheres Gefühl für Recht und Unrecht, so wie es in unserer europäischen christlich geprägten und säkularisierten Kultur gediehen und im Grundgesetz verankert ist. Darauf können wir vertrauen. Sie sind die Voraussetzung für ein sicheres und erfülltes Leben für alle. Deshalb müssen wir sie mit Leidenschaft verteidigen.

Das Gefühl für Recht und Unrecht ist nicht in allen Kulturen dieser Welt selbstverständlich. Wo sich Religionen über diese Werte stellen, dienen sie als Basis der Macht von Despoten oder einer herrschenden Schicht. Scharia und Religionsfreiheit sind nicht vereinbar. Die Religionsfreiheit darf nicht beansprucht werden, um sie abzuschaffen.

Menschen, die aus solchen Kulturen zu uns kommen, haben ihre Welt verlassen, und kommen unvermittelt in einer anderen Welt an. Weil sie Krieg Not und Verzweiflung getrieben hat, müssen wir diesen Menschen mit Nachsicht und Nächstenliebe begegnen. So können wir sie auch mit unseren Werten vertraut machen. Wir haben Grund, unsere Werte mit Selbstbewusstsein und Überzeugung zu vertreten. Ob wir einer Religion zugehören oder Atheisten sind. Unsere Wertvorstellungen bleiben von der christlichen Kultur geprägt.

Wer mir diese Werte ausreden will, muss bessere anbieten.

Doch nicht nur nach außen, sondern auch nach innen müssen diese Werte vertreten werden. Egoistische Argumente sind nichtig, gemessen an den tatsächlichen langfristigen Auswirkungen der Ereignisse. Je besser und schneller wir Flüchtlinge heute in unsere Gesellschaft eingliedern, umso wertvoller werden uns diese Menschen morgen sein.

Wichtig ist: Sie müssen wissen, dass sie nun in einer anderen Welt angekommen sind, dass sie die westlichen Werte anerkennen müssen, wenn sie die Integration wollen. Von diesen Werten leiten wir ihre Menschenrechte ab.

Wer zu uns kommt und die westliche Gesellschaft seinen Vorstellungen anpassen möchte, will diese Gesellschaft spalten. Dies ist das Gegenteil von sich integrieren. Wer sich innerhalb des Grundgesetzes integriert, bereichert.

Wir wollen die Religionsfreiheit ernstnehmen. Dazu gehören Rechte, die nicht von allen Religionen verkündet werden, aber in unserem Grundgesetz stehen.

6.
Wege in die Zukunft

Die Schöpfung Gottes ist nicht abgeschlossen. Wir befinden uns an dem Punkt, wo das Wissen und die Möglichkeiten den Menschen erlauben, einzugreifen. Sind wir dieser Verantwortung gewachsen? Da sind nur noch demokratisch legalisierte Entscheidungen denkbar. Ohne Vertrauen an das Gute in den Menschen und deren Schwarmintelligenz, die auch Fügung Gottes sein kann, würden die Menschen in ihrer Oberflächlichkeit ertrinken.

Die Gefahr liegt dort, wo Macht außerhalb der demokratischen Kontrolle ausgeübt wird.

Ob es Glück oder Unglück ist, ein Mensch zu sein, wird auch am Wissen um das eigene Werden und an unserer Verantwortungsbereitschaft entschieden. Anstehende Veränderungen werden tief in die Gesellschaft hinein dringen. Auch wenn der Paradigmenwechsel nicht schlagartig erfolgt, wird er dennoch unaufhaltsam sein.

Wir können auf unserer Seite des Daseins in die Schöpfung eingreifen. Die Folgen in der geistigen Welt entziehen sich unserem Einfluss. Sie sind der Rahmen des Machbaren.

Man kann solche Folgen, wie die geistige Welt selbst, bezweifeln. Es gibt jedoch Hinweise, die wir ernstnehmen sollten.

1. *Nach den beiden Weltkriegen wurden, um die Verluste aus den Kriegen auszugleichen, überdurchschnittlich mehr Knaben geboren.*
2. *Heute werden, so viele wie noch nie zuvor, Kinder abgetrieben. Also gab es auch noch nie so viele mehrfache Geburten.*

Wir sehen, wie eine unbeschriebene Macht versucht, ausgleichend zu wirken. Auch Bedürfnisse, die Neugeborenen in die Wiege gelegt sind, wirken auf das Geschehen in ihrer Zeit.

Wir tun gut daran, aufmerksam hinzuschauen. Unsere Bedürfnisse prägen und verändern unsere Welt.

Ich möchte niemanden von Dingen überzeugen, die ihm fernliegen. Vielleicht liegen solche Erkenntnisse nicht auf seiner Lebenslinie. Dann braucht er sie nicht.

Der Suchende wird in seinem Hinschauen erkennen. Im Erkennen von Zusammenhängen mag sich manche Tür zum erweiterten Wissen und zum glücklichen Leben öffnen.

Daneben gibt es freilich auch das Unbegreifliche, das wir demütig hinnehmen und tragen müssen.

Nach einer alten chinesischen Weisheit ist der Himmel das Schöpferisch-Impulsgebende und die Erde die empfangend-dienende. Der Mensch steht als Vermittler dazwischen. Wenn der Impuls ohne menschliche Vermittlung einwirkt, entsteht Totalitarismus.

„Wenn die Welt revoltiert, ist es der Himmel, der revoltiert. Der Himmel, der zurückgehalten wird in den Seelen der Menschen, und der dann nicht in seiner eigenen Gestalt, sondern in seinem Gegenteil zum Vorschein kommt, der in Kampf und

Blut zum Vorschein kommt, statt in Imaginationen."[15] Rudolf Steiner sagte dies auf den Tag genau einundachtzig Jahre vor dem Anschlag auf das World Trade Center. Diese Aussage scheint mir so bedeutsam, dass ich sie hier mit meinen Worten interpretieren will: Wenn die Impulse der geistigen Welt von den Menschen abgeblockt und nicht aufgegriffen werden, erscheinen sie als ihr eigenes Gegenteil in Gestalt von Kampf und Blut, anstatt in Visionen.

Unsere Gesellschaft wird von nichts so sehr beeinflusst als vom Geld.

Was ist das Wesen des Geldes?

Geld ist auf einer Seite Bestätigung und Gegenwert einer Leistung und sichert auf anderer Seite den Anspruch auf eine solche. So dürfte ursprünglich einmal der Sinn des Geldes erklärt worden sein. In diesem Sinn ist es heute für die meisten Menschen auch richtig, nur leider halt nicht nur.

Wäre es dabei geblieben, stünden dem Geld immer adäquate Werte gegenüber, die von schaffenden Menschen in aktueller Zeit geleistet werden können.

Inzwischen hat sich unsere Gesellschaft in Geldbesitzende und Werteschaffende aufgeteilt. Die Menge des Geldes übertrifft das Leistungsvermögen der Werteschaffenden um das Mehrfache. Beim derzeitigen Kosten/Preis-Niveau steht der explodierenden Menge des Geldes kein erbringbarer Gegenwert gegenüber. Dieses Missverhältnis zeigt, dass der Wert des Geldes entweder zu hoch angesetzt ist oder die Werteschaffenden bis weit in die Zukunft hinein verschuldet sind.

---

[15] Rudolf Steiner am 11. 09.1920, GA 199

Geld ist eben auch ein Speicher für Leistung, zur Sicherheit dem Sparer, der diese Leistung in übersehbarer Zeit abrufen wird. Tut er dies nicht, stört sein Sparvermögen den Ausgleich zwischen Geld und Werte schaffender Leistung.

Schlimmer ist dies als Folge von spekulativ vermehrtem Geld. Da wird Geld zum Schuldschein für Werte, die noch geschaffen werden müssen. Allein im Jahr 2010 wurde global ein Bruttoinlandsprodukt (BIP) in Höhe von 63 Billionen Dollar erreicht. Dem stand spekulativ generiertes Geld in Höhe von 600 Billionen gegenüber. In diesem einen Jahr wurde also Geld generiert, für das die Werte schaffenden Menschen knapp 10 Jahre lang umsonst arbeiten müssen, um ihre Schulden bei den Geldhabenden durch geschaffene Werte abzudecken.

Wo Geld durch Spekulation generiert wird, ist genau dieses Missverhältnis unvermeidbar, es sei denn, die Geldmenge wird reduziert oder der Geldwert angepasst, sodass die Werteschaffung wieder gleichauf steht. Das Wirtschaftswachstum unbeachtet, ist alles andere Betrug an den Werteschaffenden und Leistung erbringenden Menschen. Es ist also keineswegs nur Unsinn, wenn die Europäische Zentralbank Negativzinsen einführt, um die Geldmenge zu reduzieren. Allerdings mag die Wirkung dieser Maßnahme begrenzt bleiben.

Der Wert des Geldes wird auch künstlich hochgehalten, indem es gehortet, nicht in Umlauf gebracht und so in Bezug zu den adäquaten Leistungen gesetzt wird. Geschähe dies, führte es zur Versklavung oder einer ausgleichenden Inflation. Diese Inflation wird in diesen Tagen offensichtlich mehr gefürchtet als die Negativzinsen.

Geld kann sich auf seriöse Weise nur verzinsen, wenn es in werteschaffenden Projekten investiert wird und so dem Wachstum dient. Verzinsung durch Spekulation kommt im Charakter dem Perpetuum mobile gleich und ist auf Dauer genau so unmöglich, weil sie eben zu dem geschilderten Missverhältnis führt.

Der Ausgleich zwischen Geldmenge und Leistungsvermögen muss sein, wenn die Macht des Geldes und die damit einhergehenden Einflüsse und Manipulationen verhindert werden sollen.

Nach dieser vereinfachten Betrachtung sei auch bedacht, dass Geld für jeden Einzelnen eine sehr persönliche Bedeutung haben mag. So weckt es Träume, bietet Möglichkeiten an und gibt Sicherheit. Es gibt Freiheit, aber es versklavt auch.

Man darf fragen, ob das Wesen des Geldes in einer Solidargesellschaft neu definiert werden muss. Diese Frage wurde seit jeher immer wieder neu gestellt.

Am Anfang des Zwanzigsten Jahrhunderts schlug der Begründer der Anthroposophie Rudolf Steiner vor, das Geld altern zu lassen (Negativzinsen) und das bedingungslose Grundeinkommen einzuführen. Dieses bedingungslose Einkommen ist im Grunde die fortgedachte Konsequenz der fortschreitenden Automatisierung.

Hier werden weltweit eine ganze Reihe von Modellen diskutiert. Eines davon wird von dem erfolgreichen Geschäftsmann Götz Werner (dm-Märkte) leidenschaftlich vertreten. Im Sommer 2016 hat dieser Vorschlag in der Schweiz bei einer Volksabstimmung 23 % Zustimmung gefunden.

Geld ist mannigfaltig die Basis der Macht. Die machtgebenden Faktoren sind unsoziale Anhäufung, Korruption und falsch gesetzte Wertschätzung in der Gesellschaft. Geld als Mittel der

Macht ist antidemokratisch, das heißt: unerträglich und muss durch eine lebendige Demokratie entmachtet werden. Nur wenn der Kreislauf Leistung-Geld-Leistung auf möglichst kurzem Weg ohne wuchernde Abzweigungen bleibt, werden dem Geld seine schädlichen Eigenschaften entzogen. Weil es um Macht geht, wird der Weg dahin voller Hürden sein.

Die Welt der Medien verändert sich.

Das Ergebnis bleibt offen. Das Verhalten der Konsumenten wird mitbestimmen. Die Überflutung mit Nachrichten aus aller Welt in den elektronischen Medien ist keineswegs attraktiv. Sie ist aufdringlich. Wer im Netz unterwegs ist, hat Mühe, sich ihrer zu erwehren. Um seinen Bedarf zu decken, muss man sich durch Berge von Unrat wühlen.

Im politischen Bereich ist sie oft auf emotionale Gleichschaltung aus und somit tendenziös bis unseriös. Nichts schadet der Demokratie mehr, als eine manipulierende Nachricht, die durchschaut wird. Der als manipulierbar missachtete Bürger wendet sich verärgert radikalpopulistischen Politikern zu. Weil die von etablierten Parteien als unseriös markiert werden, können sie mit Protestwahl optimale, aber nicht optimierte Wirkung erzielen. Bei anderen führt es zur populistischen, hysterischen Personenverehrung, wie man an Erscheinungen und Wahlergebnissen in Ostdeutschland sehen kann.

Es ist eine Herausforderung an die freie und verantwortungsvolle Presse, Nachrichten von ihrem tendenziösen Beiwerk zu reinigen und der kritischer werdenden Leserschaft anzubieten.

Hier bietet sich kleinen und mittleren Printmedienunternehmen eine Marktlücke an, sofern sie von überregional agierenden

Geldgebern unabhängig, und deshalb vor deren finanziellen Repressalien geschützt sind. Die Nachrichten müssen knapp und glaubhaft prägnant sein. Hintergründe und Interessen der Quellen sind wichtig, müssen den Kommentaren vorbehalten, dort aber auch dargestellt sein. Da kann sich die lokale Zeitung Nähe zum Leser schaffen und von den großen abhängigen Medien positiv abgrenzen. Ist dies nicht möglich, muss der Staat für unabhängige Medien sorgen.

Die Entmenschlichung des Menschen geschieht im und durch das Kollektiv.

So war es bei der Kreuzigung und lässt sich an ungezählten Beispielen wie Christenverfolgungen, Judenhetze, Hexenverbrennungen bis hin zur Shoa belegen.

Auch die Terrorgruppen des 21. Jahrhunderts bestätigen dieses Prinzip. Deshalb sind national und religiös orientierte Kollektive so gefährlich. Ihre Häuptlinge versuchen sich mit Abgrenzung in Berufung auf pseudonationale oder religiöse Werte, der Kontrolle durch den gesunden Menschenverstand zu entziehen.

In welcher Identität findet sich der Mensch selbst akzeptabel? Die Antwort liegt in seinen Bedürfnissen.

In Abschottung und Ausgrenzung verankern die Machtbesessenen ihr Machtbegehren. Sie bieten ihren Opfern, den sozial und gesellschaftlich abgehängten Menschen, die Nestwärme und Wertschätzung an, die sie auf ihrer Identitätssuche brauchen. So finden sie ihre treuesten, oft fanatischen Anhänger.

Es ist seit Jahrtausenden das gleiche wiederkehrende Spiel. Menschen auf der Suche nach ihrem Lebensziel und ihrer Identität werden durch bequeme Angebote verführt. Dies gelingt besonders dort, wo junge Menschen von der Gesellschaft nicht angenommen oder gar verachtet werden. Es geht um die Identität, in der wir alle nicht nur Akzeptanz, sondern auch Anerkennung in dieser Welt finden. Im gleichen Maße geht es um die Bereitschaft der Mehrheitsgesellschaft, diese Anerkennung zu leisten.

Es geht um Nächstenliebe, die zum „liebet eure Feinde" erweitert wird. Nicht das feindliche Kollektiv sollen wir lieben, sondern den Menschen, der sich zwar in einem anderen eingrenzenden Kollektiv identifiziert, dem wir jedoch die Zugehörigkeit zu unserer freilassenden, tolerierenden Gesellschaft nicht verweigern dürfen. Dann können wir dem Eingrenzenden unser Bekenntnis zur Freiheit und Vielfalt selbstbewusst entgegenstellen. Da kommen unsere Grundwerte ins Spiel, die wir freilich nicht infrage stellen lassen dürfen.

Die menschliche Arbeitsleistung bei der Produktion von Bedarfsgütern wurde in den letzten Jahrzehnten zu großen Teilen von Robotern übernommen. Wo früher Hunderte gearbeitet haben, sind es heute nur noch wenige. Arbeitsplätze wurden frei oder rutschten in den Niedriglohnbereich ab. In geringerer Zahl wurden hochspezialisierte für die Produktion der Roboter geschaffen.

Lohnsteuer und Sozialabgaben zahlende Beschäftigte wurden durch Roboter ersetzt, die keine Soziallasten tragen. Das ging bislang gut, weil die Zuwächse im Export lagen. Das wird keine Dauerlösung sein.

Demographische Veränderungen können nur begrenzt durch Zuwanderung ausgeglichen werden. Das Problem ist ein Grundsätzliches. Wo Steuer und Sozialabgaben zahlende Menschen durch Roboter ersetzt werden, müssen ausgleichend die Produktionsanlagen belastet werden. Die Erträge der Rationalisierung müssen auch bei den Menschen ankommen.

Dies wird in Form von reduzierten Arbeitszeiten geschehen. Die Menschen werden neue Bedürfnisse entwickeln, um gesellschaftliche Akzeptanz zu finden. Beim Sport, der Arbeit in sozialen und künstlerischen Bereichen werden sie ihre Anerkennung suchen.

Hier mag sich die vielfältige Welt der Kunst öffnen, die neue Ansätze und Möglichkeiten anbietet.

Die Kunst ist geistige Sprache, sagt Alexej Jawlensky. Der Kunst ist eine Aussage zugesprochen und die Absicht, sich über die Sinne mit dem Rezipienten zu verbinden. Ein kreativer Dialog entsteht. Was will das Kunstwerk sagen? Bedrängt es? Will es verändern? Wollen wir das zulassen?

Es ist wie bei der Frage nach dem Sinn des Lebens. Die Antwort setzt voraus, dass ich mich auf das Leben einlasse. Sie wird unvollkommen bleiben und widerruflich sein, weil sich auch meine Befindlichkeit, der Dreiklang von Körper, Geist und Seele verändert.

Wie auf das Leben will ich mich auf die Kunst einlassen. Sie als Sprache des Künstlers annehmen.

Der Künstler sucht sich in seinem Werk zu offenbaren. Ich mag es empfindend zur Aussage fügen, die im besten Falle meiner Individualität gerecht wird.

Im Verstehen gehe ich Schritte zu mir selbst. Schritte, die auch Ideen in meinem Werden sein mögen. Es mag ein Abenteuer sein. Aussage und Verstehen können unfertig bleiben, so wie ich unfertig bin.

Im Betrachten wird das Werk zur Kunst. Fade wird es, wenn nichts Verstehbares oder Interessierendes angeboten wird. Kunstwerke, deren Sprache ich nicht verstehe, bleiben vor der Tür. Werde ich dann dem Künstler gerecht? NEIN! Ich kann ihm nicht gerecht werden, wie auch er mir nicht gerecht wird. Seine Sprache ist mir fremd. Ich kann (oder will) sie nicht verstehen.

Gleichwohl darf ich ihm die Rechtfertigung nicht verweigern. Vielfalt der Gesellschaft rechtfertigt auch die Vielfalt der Künstler und ihrer Werke.

Wie gehe ich mit den Kunstobjekten um, die widerwärtige Gefühle auslösen. Eine Konservendose mit der Aufschrift Künstlerscheiße wird mich nur in einer extremen Befindlichkeit antreffen können.

Der Freiheit des Künstlers steht die Freiheit des Rezipienten gegenüber. Die Tatsache, dass es Widerwärtiges gibt, kann niemand zwingen, dessen Nähe gutzuheißen oder gar zu suchen.

Ich leugne nicht die Realität, es mangelt mir an der Befindlichkeit, die mich zum Empfänger dieser Sprache machen könnte. Es ist mein Recht mich abzuwenden, meine Pflicht mich zu schützen. Verstehen wäre in meinem Werden der Schritt in eine ungewollte Richtung.

Damit ist dann auch das Urteilsvermögen von Kunstexperten/Kritikern auf ganz natürliche Weise begrenzt.
1. Auch Kritiker unterliegen einer Befindlichkeit.
2. Mit ihr verändern sich Sprache und Aussage.
3. Nicht nur die Sprache, auch die Aussage steht zur Disposition.

Die wachsende Verantwortung für das eigene Werden ist ein Thema unserer und künftiger Zeit. Während die geistige Entwicklung in der Vergangenheit durch Gesellschaft und gelehrte Moral gelenkt wurde, wird in der Zukunft die Freiheit unsere Verantwortung herausfordern. Die Konditionierung, mit der wir von Geburt an ausgestattet sind, wird immer mehr zur Leitplanke für unsere geistige Entwicklung werden, die wir mit unseren Entscheidungen beeinflussen können. Diese Konditionierung zu erkennen und zu leben wird zur Aufgabe. Dabei kann Kunst zum Indikator werden. Dies gilt besonders bei Störungen in der Spiegelung, wo das Rechte zum Linken, und auch das Phil zum Anti wird.

In dieser Herausforderung sind wir noch unsicher. Wir sind Suchende. Folgerichtig hat die abstrakte Kunst in dieser Zeitenwende ihren Platz gefunden. Aus Göttern, Heiligen, Landschaften und Gegenständen sind Punkte, Flächen, Formen, Farben, Gegenstände in surrealem Zustand geworden. Nicht die Strahlkraft des Heiligen, die erhabene Landschaft, Schönheit des Gegenstandes spricht zu uns, sondern auch die Farbe in Flächen und Formen oder unwirklichen Darstellungen, die Fantasien wecken und vom Betrachter zur Sprache des Kunstwerkes ergänzt werden.

Der Künstler im Schaffen des Kunstwerkes, auch der Rezipient im Betrachten ist seiner Befindlichkeit ausgeliefert. Die Darstellung einer Emotion wird in einer Befindlichkeit interpretiert. Natürlich wird da die Kunst mehr als früher infrage gestellt, erfährt jedoch auch seine unbegrenzte Erweiterung.

Die Frage: Ob ich die Kunst zu mir sprechen lassen will, wird sich vertiefen. Intuitiv wende ich mich dem Kunstwerk zu, das meiner Befindlichkeit entgegen kommt und ihr förderlich ist. Heute mag es das Eine und morgen das Andere sein. Im Wissen um dieses Zusammenspiel

*will ich es betrachten, mit ihm korrespondieren und wenn es gut läuft, mit
ihm meditieren.*

In der Meditation kann das Kunstwerk heilend sein.

Therapeutisch wirkt freilich nicht nur das Rezipieren, sondern auch das Schaffen. Da findet die Kunst ihre Rechtfertigung im Ausmaß, das heute bestenfalls erahnt werden kann. Ein chaotischer Schüler, der seine Liebe für das Schönschreiben entdeckt, wird einmal erkennen, wie ihn diese Tätigkeit geordnet hat. Aber was ist Ei und was Henne? Ist die Liebe zum Schönschreiben in der Sehnsucht nach innerer Ordnung entstanden? Die Frage nach Wechselwirkungen bleibt präsent, und das ist gut so.

Wie wirken Farben in Flächen und Formen. Wie verändern sie unsere Befindlichkeit? Beugt unsere Befindlichkeit die Wirkung? Wie tief dringt es in das individuelle Ich?

Und immer wieder die Frage: kann, will ich das zulassen? Tut es mir gut?

Es ist ein gewaltiger Dialog, der über die Grenzen des Schaffenden und Rezipienten hinweg im Sichempfinden und Sicherkennen einmündet, so die Kunst zur Sprache wird.

Wer ist in der Lage einen großen Kreis ohne Zirkel mit einer Linie geometrisch genau zu zeichnen? Da ist die Sehnsucht nach Vollendung. Sie bleibt die ewige Herausforderung an unser Wollen und Handeln.

In der Welt der Kunst stellen sich die unterschiedlichsten geistigen Strömungen dar. In ihrer Sprache können sie sich intensiv und trotzdem gewaltlos miteinander auseinandersetzen. Deshalb ist die Kunst so wichtig, weil sich im künstlerischen Schaffen auch die geistigen Strömungen unserer Zeit offenbaren und zur Disposition stellen.

Eine Begegnung mit gestern

Die noch junge Partei AfD hat ihr Programm verkündet.

Eine nüchterne Auseinandersetzung mit diesem Parteiprogramm muss sein, um Vorurteile auszuschalten. Nur so kann die AfD auch zur Sachlichkeit gezwungen werden. Werte, die zu nennen eine Pflichtübung aller Werteverkünder ist, müssen dabei nicht hinterfragt werden. In vielen Passagen ist dennoch die Gewichtung aufmerksam zu betrachten. Ideale sind im Völkisch-Nationalen und seinem Umfeld angesiedelt.
Den sozialen, ethischen kulturellen und geistigen Notwendigkeiten zur Gestaltung der Zukunft lässt dieses Programm wenig Platz.

(Im Folgenden sind Passagen und Begriffe aus dem AfD-Text „**fett**" markiert)

„A. Präambel: Wofür wir stehen"

Das Bekenntnis zum Konservativen und Liberalen steht am Anfang.

„Zusammengeführt hat uns die Krise des Euro, der Bruch der europäischen Verträge, der Ausverkauf der nationalen Interessen, (…)". Auch die Fehler in der Marktwirtschaft werden genannt. **„(…), dem Schüren längst überwundener Vorurteile und Feindseligkeiten zwischen den europäischen Völkern durch das Regime der Euro-Rettung",** will man nicht mehr zusehen.

Hier wird allerdings unterdrückt, dass gerade die Argumente der AfD Vorurteile und Feindseligkeiten an die Oberfläche rufen. Wir brauchen freilich nicht Oberfläche, sondern Tiefe. Die wird später aufgegriffen.

Dem Versagen der **„herrschenden Politik"** soll eine Alternative geboten werden. Ja, hier steht nicht einfach nur „Politik," sondern „herrschende Politik". Das Herrschende bedingt ein Untertäniges, und was auch immer die Autoren damit erreichen wollen, es ist populistisch. Weiter geht es mit Vorwürfen, wie

„Entmündigung der Bürger, Schwächung von Familie, Bürgerrechten und Eigenverantwortung," die in **„selbstherrlicher Willkür"** der politischen Führung gipfelt.

Natürlich stecken in diesen Vorwürfen auch Körner der Wahrheit. Um eine neue Partei zu rechtfertigen, reicht dies freilich aus, weil nur das lebendige anhaltende Engagement der Bürger Abhilfe schaffen kann. Alle Parteien in Verantwortung zeigen früher oder später Schwächen der Verflachung, wenn sie nicht durch engagierte Mitglieder und Bürger immer wieder aufs Neue gefordert werden. Das Engagement des Bürgers ist deshalb sehr wichtig. Dass auch die AfD dieses fordert, sei hier anerkannt.

Es wird auch von **„übermächtigem Bevormundungs- und Ideologie-Staat, Willkür der politischen Klasse, ideologisch motiviertem Eingriff in die Privatsphäre und Familie, willkürlich betriebener Masseneinwanderung ohne Rücksicht auf die gewachsene Identität Europas,"** gesprochen. Begriffe, die am Populismus kleben bleiben, solange nicht mit Details und Fakten erklärt wird, was gemeint ist. Dem Angeprangerten werden die Prinzipien **„der Sozialen Marktwirtschaft, Selbstentfaltung der Familie, Bürgergesellschaft und gelebter Tradition, Souveränität in der Währungs- und Geldpolitik wie auch Verfügungsrecht über unsere Grenzen"** entgegengesetzt, um gleich wieder von **„Zinsmanipulation, Spekulationsblasen, Bürokratie und Umverteilung"** zu sprechen. Was soll dieses Durcheinander? Kann der Eingriff in die Privatsphäre oder die Willkür der politischen Klasse mit Sozialer Marktwirtschaft bekämpft werden? Diese sprachliche Methode ist geeignet, den Leser in Emotionen zu fangen, vom Denken abzubringen und ihn zu manipulieren.

Die kultivierte demokratische Verfahrensweise, Austausch von sachlichen Argumenten, muss über allem stehen, und dann kann neben der Schmalspur des egoistisch orientierten Nationalstaates auch der Blick über den Tellerrand mit sozialen Konsequenzen stehen. Argumente müssen ohne nebulöse emotionale Verquickung mit Werten und Unwerten anschaulich in die Diskussion getragen werden. Der Wähler muss informiert abwägen können.

Die AfD bekennt sich **„zu den freiheitlichen und liberalen Wurzeln des Nationalstaates."** Der soll über seine Grenzen, Zuwanderung und Staatsbürgerschaft souverän entscheiden.

Neben vielen anderen Werten sollte hier auch Humanität mit Blick auf Verfolgte und Kriegsflüchtlinge hinzugefügt sein, um sicherzustellen, dass sich diese Forderung nicht gerade dagegen richtet. Auch Menschlichkeit ist es wert, in politischen Argumenten genannt zu werden. Am Ende wird es darauf ankommen, wie die AfD den Nationalstaat schadlos in die globale Realität einfügen will und ob ihr Konzept demokratisch abgesegnet werden kann.

„Wofür wir eintreten, um es auf Dauer zu bewahren"

„-für die Würde des Menschen."
So fordert es das Grundgesetz. Dem sind alle verpflichtet.

„-für die abendländische christliche Kultur."
Ist sie wirklich infrage gestellt? Am besten schützt sie, der sie lebt.

**„-für die historisch-kulturelle Identität unserer Nation
auf Dauer."**

Nationale Identität schafft ein gefährliches Kollektiv, in dem
es sich gegen andere abgrenzt, um sich selbst zu feiern. Solche
Kollektive aus Deutschen, Franzosen, Engländer und Anderen
haben es geschafft, sich in zwei Weltkriegen gegenseitig abzu-
schlachten. Brauchen wir noch andere Gründe, um den Bezug
auf solche Kollektive kritisch zu sehen?

**„-für ein souveränes Deutschland als Nationalstaat des
deutschen Volkes."**

Die Souveränität Deutschlands war, so ist anzunehmen, ein
wichtiges Thema bei den Verhandlungen zum Zweiplusvierver-
trag. Bei realistischer Sicht auf die Faszination der Macht
müssen wir davon ausgehen, dass Deutschlands Souveränität
nur in begrenzender Einbindung in einen Staatenbund, wie dem
vereinten Europa und auch in ein militärisches Bündnis wie der
Nato zugestanden wurde. Während das vereinte Europa im Interesse aller europäischen Länder liegen dürfte, geht von der
Nato wegen der Dominanz der USA und der dort agierenden
Präsidentenflüsterer eher Gefahr aus. Hier sind ausdrücklich
militärische Einsätze ohne UN-Mandat als Beispiel zu nennen.

Obwohl nur ein souveränes Volk auch wahre Demokratie leben kann, wird das souveräne Deutschland nach Vorstellung der
AfD, die dafür notwendige Toleranz nicht finden.

Deutschlands einzige Chance ist, sich in der europäischen
Völkerfamilie einzubinden und dort als konsequente Friedens-
macht zu wirken. Die Folgen von zwei Weltkriegen sollten uns
eine Lehre sein. Die gemeinsamen Interessen und die Identität

als Europäer müssen dem kleingeistigen Nationalstaat Grenzen setzen.

„-für die Familie mit Kindern, um die Zukunft Deutschlands für die Deutschen zu sichern"

Wir sehen die deutsch-nationale Betonung, die von Nachbarstaaten argwöhnisch wahrgenommen wird, sich emotional auch von der europäischen Völkerfamilie abwendet. Der kleinherzigen Identität des Nationaldeutschen ist die Identität des „deutschen weltoffenen Europäers" gegenüberzustellen. So ist es zeitgemäß und für unsere Nachbarvölker erträglicher.

„-für ein friedliches Miteinander der Völker"

Gibt es andere Möglichkeiten?

„-für die freie, friedliche, gegen äußere und innere Feinde wehrhafte Demokratie."

Wo ist der äußere Feind, der unsere Demokratie gefährdet. In unserem Land ist sie doch mehr gefährdet, weil sie nicht wahrgenommen wird, sich die Menschen mit vorgekauten Antworten zufriedengeben, anstatt im Argumentieren und Würdigen von Werten eigene zu suchen.

„Was in unserem Programm stets Vorrang hat"

„-die Freiheit der Bürger sichern und schon verlorene Teile der Freiheit wiederbeleben."

Dieser Forderung kann man angesichts des arroganten Verhaltens vieler Politiker nur zustimmen. Im Kontext des AfD-

Programmes stellt sich dann die Frage, ob die Partei alle deutschen Bürger und Bürgerinnen, Minderheiten, auch Kopftuch tragende Musliminnen, meint.

„-das Recht würdigen und rechtstaatliches Handeln wieder durchsetzen."

Dem muss man zustimmen. Auch hier gilt, gleiches Recht für alle.

„-das Privateigentum achten und dort wieder stärken, wo Recht und Anspruch darauf schon aufgeweicht sind."

Man weiß nicht so recht, was gemeint ist. „Eigentum verpflichtet. Sein Gebrauch soll zugleich dem Wohl der Allgemeinheit dienen." So steht es im Grundgesetz. Ist diese Verpflichtung untragbar geworden? Ist das Wohl der Allgemeinheit infrage gestellt? Wer und wessen Eigentum ist da gemeint?

Nach den Zerstörungen im Zweiten Weltkrieg war den Vätern des Grundgesetzes die Dominanz des Kapitals mit seinen schädlichen Folgen, in der heutigen Erscheinungsform nicht vorstellbar. Der Kapitalismus hat unsere Gesellschaft weitgehend durchdrungen. Auch dies ist ein Grund, Überlegungen anzustellen. Wäre es nicht peinlich, könnte man darüber lächeln, wie manche Reiche ihren Reichtum rechtfertigen. Da gibt es die Milliardärin, die dem lieben Gott täglich für ihren Reichtum dankt, neben anderen, die glauben machen wollen, es sei ausschließlich ihre Arbeit und ihre Tüchtigkeit, die sie reich gemacht habe. Ohne zu hinterfragen, sehen sich einige wegen ihres Reichtums auch ganz einfach von Gott auserwählt und über dem Rest der Menschheit erhaben. Wer das Gestrüpp bei-

176

seite räumt, sieht es so: Armut und Reichtum ist die Folge davon, dass das Wesen des Geldes durch Schaffung von Abhängigkeiten zum Mittel der Macht erweitert wurde. Die moderne Gesellschaft wird über das Wesen des Geldes nachdenken müssen. Es gilt keine Gleichschaltung durchzusetzen, sondern Begabungen und Bedürfnissen und den daraus resultierenden Ansprüchen gerecht zu werden. Es wird ein komplizierter Prozess sein. Dem Thema müssen sich die Menschen stellen, wenn nicht Katastrophen das Nachdenken erzwingen sollen.

„-unsere Demokratie wiederbeleben und die Bürger auch direkt beteiligen."

Ja, die Erfahrung zeigt, Politiker werden von Lobbyisten beeinflusst. Die resultierenden Entscheidungen können nur schwer korrigiert werden, weil falsch gesetzte Abhängigkeiten mitspielen. Irrtümer auf basisdemokratischer Grundlage können problemloser und konsequenter korrigiert werden. Wichtig ist, dass alle Staatsbürger einbezogen sind und Minderheiten nicht auf populistischen Wegen ausgeschlossen werden.

B. Die Kernanliegen der AfD

„I. Ein Selbstbewusstes, demokratisches und freies Deutschland in Europa und der Welt."

„Die im Prinzip unantastbare Volksouveränität als Fundament unseres demokratischen Staates hat sich spätestens mit den Entscheidungen zur Europäischen Union als Fiktion herausgestellt", wird beklagt.

Zum Thema Souveränität wurde schon einiges gesagt. Um die deutsche Souveränität zu testen, könnte z. B. ein Volksentscheid verlangen, dass die in Deutschland gelagerten Atomwaffen abgezogen werden, um dann zu erleben, wie die USA ihre Interessen wahrnehmen. Zu beklagen, dass die Volksouveränität (seltsames Wort) durch die Entscheidung zur Europäischen Union verloren ging, ist nicht angezeigt. Diese Entscheidung war die offen dargelegte Absicht der Parteien, die vom Volk in freien Wahlen gewählt wurden. Es war also eine demokratische Entscheidung des Volkes. Dass die europäischen Politechnokraten die Europäer zum Teil entmündigt haben, wird von der AfD zurecht kritisiert. Die Ursache liegt dabei weniger bei der **„politischen Klasse von Berufspolitikern“**, sondern am Einfluss der Lobbyisten, denen in Brüssel auf großer Breite Tür und Tor geöffnet sind. Die Öffentlichkeit hätte dagegen halten müssen und den Lobbyisten Grenzen setzten.

Es fällt auf, dass im AfD-Text sehr oft das Wort „Macht“ vorkommt, was natürlich Rückschluss auf die wahren Interessen der Autoren zulässt.

Zurecht werden Volksentscheide und Volksbegehren angemahnt. Alleingänge der Politiker gegen die Interessen der Bürger verprellen die Menschen und führen zu Politik- und Demokratieüberdruss.

„Volksabstimmungen können ohne Einschränkung zu jedem Thema stattfinden“, fordert die AfD und fügt hinzu: **„Abstimmungsfragen finanzieller Natur sind ausdrücklich erlaubt.“**

Natürlich darf dies nicht immer erlaubt sein, z.B. wenn Inhalte der Grundgesetze berührt werden.

Die AfD besetzt in weiten Teilen des Textes die Position des rechtschaffenen, selbstbewussten, dabei auch selbstgerechten Bürgers, der die Fehler der Vergangenheit teilweise zurecht anprangert. Anstatt auf die einzelnen Punkte detailliert einzugehen und praktikable Lösungen zu formulieren, will sie nun **„zur deutschen Außen- und Sicherheitspolitik eine langfristige ressortübergreifende Gesamtstrategie erarbeiten (…). Dabei müssen die nationalen Interessen und das Wohl des deutschen Volkes im Mittelpunkt stehen."**

Diese Betonung der nationalen Interessen ist nicht nur populistisch, sondern auch noch rückständig, um nicht zu sagen saudumm. Solche Überbetonung der nationalen Interessen richtet sich halt auch gegen die Interessen der anderen europäischen Staaten, die ja dann auch ihre eigenen nationalen Interessen dagegen stellen müssen. Kann in unserer heutigen Zeit der Globalisierung auf solcher Schmalspur noch etwas erreicht werden? Die Globalisierung der Finanz-und Wirtschaftswelt wird niemand aufhalten können. Ohne einem starken politischen Gegenüber wird sie mit nationalen Klein- und Mittelstaaten, Katz und Maus spielen.

Die Partei ist dagegen, **„die EU in einen zentralistischen Bundesstaat umzuwandeln"**. Nach allgemeinem Verständnis dürfte der Begriff „zentralistischer Bundesstaat" ein Widerspruch in sich sein. Sinnvolle Ziele sind eine starke Vertretung der gemeinsamen Interessen im Finanz- Wirtschafts- und Militärwesen nach außen, konkurrenzfähige Volkswirtschaften im Inneren und Freiheit in allen kulturellen Bereichen.

Mit gemeinsamer Stärke nach außen und Vielfalt im Inneren kann Europa gedeihen.

Die Fehler bei der Einführung des Euro sind Wasser auf die Mühlen aller kleinkariert denkenden populistischen Parteien. Hier haben wir ein Paradebeispiel dafür, wie Populismus genährt wird.

Durch übereilte Neuaufnahmen in den Eurobereich ist das Kind nun in den Brunnen gefallen und die AfD will Interessen wahren, indem es das Kind vollends ersäuft. Da sollten andere Lösungen möglich sein.

Trotzdem muss gefragt werden: Welcher Teufel hat die Finanzstrategen Europas geritten, als sie den Euro auch in den wirtschaftsschwachen Ländern eingeführt haben? Es war doch klar, dass dabei Abhängigkeiten, Schulden und Armut geschaffen werden.

Am Beispiel Griechenlands sieht man, dass dies nun zum gnadenlosen Ausverkauf der staatlichen Güter führt. Bei Abschaffung der Eurorettung müsste fairerweise auch diese Entwicklung rückgängig gemacht werden. Weil dann auch die Interessen der global agierenden Finanzgeheuer berührt werden, ist dies nach realistischer Einschätzung der Machtlage nicht möglich.

Die Kreditgeber haben von Anfang an gewusst, dass der griechische Staat diese Schulden nie zurückzahlen wird, und dass andere Euro-Staaten dafür geradestehen werden. Inzwischen haben sie an lukrativen Zinsen verdient. Verantwortungsvolle Finanzpolitik muss nun zunächst dem bedürftigen Teil der griechischen Bevölkerung helfen. Das geht nur noch nach Art einer Sozialhilfe. Dabei muss eine wettbewerbsfähige Infrastruktur geschaffen werden. Langfristig müssen die Finanzmärkte so geregelt werden, dass Armut schaffende Abhängigkeiten nicht mehr möglich sind.

Eine gemeinsame Währung geht nur innerhalb weitgehend ausgeglichener Wirtschaftskraft, Sozialleistungen und Investitionsleistungen, also auch Lebensstandart. Ungleichheiten bedingen immer wieder neue ausgleichende Maßnahmen. Die Arbeit der Lobbyisten bekommt dabei immer mehr korrupten Charakter, sodass Grenzen der Moral nicht mehr erkennbar sind.

Es bleibt eine Herausforderung, das Wesen des Geldes in all seinen negativen Erscheinungsformen zu erkennen und richtige Folgerungen zu entwickeln. Die AfD-Konzepte, insbesondere die Betonung nationaler Interessen und Machtstrukturen, taugen dafür nicht. Es bleibt eine Forderung an alle Europäer.

II. Ein Ruck muss durch Deutschland gehen

„Wir wollen Deutschland reformieren und an die Prinzipien und Wurzeln anknüpfen, die erst zu einem Wirtschaftswunder und dann zu seinem jahrzehntelangen sozialen, wirtschaftlichen und gesellschaftlichen Erfolg geführt haben."

Dieses deutsche Wirtschaftswunderland war eine Erscheinung des Wiederaufbaues nach dem Zusammenbruch am Ende des Krieges und wird so nicht mehr möglich sein. Heute fehlen neue Konzepte. Wo der Turbokapitalismus mit seiner materiellen Dominanz die ethischen Werte in die Ecke stellt, müssen zeitgerechte Inhalte entwickelt werden. Unsere heutige Situation ist nicht das Ergebnis von vorausschauenden, sondern konservativen, vorwiegend am kommerziellen Gewinn orientierten politischen Entscheidungen. Nicht zurück, sondern nach vorne müssen wir uns wenden. Neue Lehren werden uns, so oder so, nicht erspart bleiben und nur erfolgreich sein, wenn die Menschen neben ihren materiellen, auch mit ihren emotionalen und spirituellen Bedürfnissen wahrgenommen und berücksichtigt werden.

„Die ständige, teils ideologiegetriebene Expansion der Staatsausgaben stößt auf finanzielle und faktische Grenzen. Der Staat hat sich verzettelt. Es bedarf neuer Konzentration auf die vier klassischen Gebiete: Innere und äußere Sicherheit, Justiz, Auswärtige Beziehung und Finanzverwaltung."

Man könnte diese Passage auch als populistisch geprägt abtun. Hier werden jedoch zentrale Gründe für viele Missstände berührt. Als „ideologiegetriebene Staatsausgaben" sind wohl soziale Leistungen gemeint. Die Folge vieler Subventionen und Steuervergünstigungen, die durch fragwürdige Lobbyeinflüsse zustande kamen, sind nicht genannt. Die AfD sollte hier Ross und Reiter nennen und emotionale Zustimmung nicht im Trüben fischen.

In einem modernen demokratischen Staat wird der Innere Frieden immer von der Sicherstellung der sozialen Versorgung abhängen. Ohne die, wird staatliche Gewalt kontraproduktiv sein. Die soziale Gerechtigkeit ist eine der wichtigsten Aufgaben und muss hier mit hervorgehoben werden.

„Im marktwirtschaftlichen Wettbewerb ergeben sich die besten Leistungen."

Dies ist ein Bekenntnis zur Vielfalt und im übertragenen Sinn auch ein Bekenntnis zum Schöpfungsprinzip. Es ist so richtig, wie es dort endet, wo Abhängigkeiten entstehen, und genau da müssen die Grenzpflöcke eingeschlagen werden. Selbst der IWF hat endlich eingesehen, dass Neoliberalismus gescheitert ist. Ungeregelte Märkte führen zu Monopolen, Monokulturen, Abhängigkeiten, Einfalt. Besonders durch die Abhängigkeiten entsteht die Verarmung einerseits und Bereicherung andererseits. Diese Gefahren sind im AfD-Programm nicht genannt. Die Freiheit privates Eigentum an Gütern und Produktionsmittel erwerben zu können ist in den Vordergrund gehoben. Das ist nicht falsch, aber genau da müssen dann auch die Grenzpflöcke stehen. Eine moderne Partei sollte auf die Realität eingehen, und die Moral nicht bei den Reichen suchen.

„Die Wertschätzung für die traditionelle Familie geht in Deutschland zunehmend verloren. Die Familie aus Vater, Mutter, Kind als Keimzelle der Gesellschaft zu verstehen und den Bedürfnissen der Kinder und Eltern gerecht zu werden, muss wieder Mittelpunkt der Familienpolitik werden.“

Die Wertschätzung der Familie ging in den Köpfen der Menschen verloren, die vorwiegend dem materiellen Besitz nachjagen. Viele sind in die Falle des Gewinnstrebens geraten und haben sich abhängig gemacht.

Natürlich hat sich dies auch auf die soziale Situation der arbeitenden Menschen ausgewirkt. In der gewinnorientierten Gesellschaft ist eine arbeitende Frau, die (und mit deren Leistung man) Geld verdient, mehr geschätzt, als die Mutter deren Kinder einmal krank werden können, und die deshalb eine weniger verlässliche Arbeitskraft ist. In der Annahme, dass zu gegebener Zeit immer genügend ausländische Arbeitskräfte geholt werden können, wurde unsere Sozial- und Familienpolitik vernachlässigt.

An diesem Punkt dürfen die individuellen Entfaltungsrechte der Menschen in ihrer ganzen Vielfalt als berechtigt hinzugefügt werden. Sie brauchen auch Würdigung durch soziale Gesetze dort, wo sie dem Wohlergehen der Gemeinschaft dienen.

Die Formulierung „Familie aus Vater Mutter Kind" hätte bei anderen Autoren „Familie aus Eltern und Kindern" gelautet. Patriarchalische Wertevorstellungen scheinen durch.

„Eine Völkerwanderung historischen Ausmaßes fordert Europa zu Maßnahmen heraus."

„Die aktuelle Politik bringt Flüchtlingen und Migranten (…) den Tod. (…) führt sie zur (…) rasanten Besiedelung Europas durch Menschen aus anderen Kulturen und Weltteilen."

„Die AfD (…) wendet sich gegen das schleichende Erlöschen der europäischen Kulturen."

Das Lieblingsthema aller Rechtspopulisten muss in grundsätzlichen Überlegungen beleuchtet werden.

Die Ursachen für das Kriegsgeschehen im Nahen Osten und den Hunger in den Bürgerkriegs- und Armutsländern Afrikas liegen in der fatalen Entwicklungspolitik und globalen Machtstrategien der Europäer und US-Amerikaner. Entwicklungshilfe die Abhängigkeiten schafft, ist keine. Auch Macht kann sich nur in Abhängigkeit darstellen. Abhängigkeit schafft Armut für viele und Reichtum für wenige.

Jahrzehntelang wurde Entwicklungshilfe geleistet, an der sich Despoten in den Entwicklungsländern und Waffenlieferanten aus den Geberländern bereichert haben. Am Ende dieser Entwicklung stehen die Verzweiflung der Hungernden und die Todesängste der Kriegsflüchtlinge, so wie wir es heute erleben. Wo es für viele um das Überleben geht, wendet sich die AfD gegen das schleichende Erlöschen der europäischen Kulturen. Ist es denn nicht auch europäische und christliche Kultur, den Verzweifelten, deren Not sie an unsere Grenzen getrieben hat, zu helfen. Populistische Sprüche helfen nicht. Soforthilfe ist angesagt, in Form von Aufnahmelagern und Integration, wo es sinnvoll ist, doch mehr noch vor Ort, wo Not die Menschen zum verzweifelten Aufbruch zwingt.

Ob die ankommenden Flüchtlinge als billige Arbeitskräfte die Mindestlöhne unterlaufen, auch Nutzen bringen, wie es manche Wirtschaftbosse erhoffen, bleibt offen.

Die demographische Pyramide in Deutschland soll durch Einwanderung zurecht geformt werden. Wer diese Einwanderung will, muss die Einwanderungskultur entwickeln. Die ist nicht mit Fremdenhass und Kulturängsten vereinbar. Wer Einwanderung nicht will, muss die Renten der Alten aus dem Ertrag der Roboterleistung bezahlen. Gemeint sind die Roboter, die die fehlenden menschlichen Arbeitskräfte mit ihren Sozialabgaben ersetzen. Diese Lösung mindert natürlich die Wettbewerbsfähigkeit der Wirtschaft.

Natürlich gibt es auch asozial denkende Gewinnstrategen, die stattdessen lieber das Rentenniveau senken wollen. - Und nun stellen wir erstaunt fest: die haben sich ja schon durchgesetzt.

Lamentieren ist nutzlos. Um die Gesamtsituation richtig einschätzen zu können, brauchen wir den sachlichen Überblick.

Die AfD schlägt vor, die Grenzen zu schließen, das Asylgrundrecht abschaffen, Schutz- und Asylzentren außerhalb

Europas einrichten, und die bereits Angekommenen dorthin zurückbringen, vielleicht meint sie auch, zu internieren.

Die Augen verschließen, schafft weder Unglück noch Ungerechtigkeit aus der Welt. Gewiss, die Flüchtlinge, Hungernden und politisch Verfolgten sind ein internationales Problem, aber das entbindet Deutschland nicht aus der Verantwortung. Hilfe im Rahmen des Möglichen muss geleistet werden. Ursachen der menschlichen Katastrophen müssen beseitigt, die Folgen gelindert werden.

Dies kann nur eine Allianz aller(!) gutwilligen Nationen umfassend schaffen. Reicht das Unglück der Menschen, die Anzahl der Toten immer noch nicht aus, um diese Allianz möglichst schnell zu realisieren? Die Erfahrung zeigt, bei wenigen Ausnahmen sind unsere Politiker nicht wirklich bereit, hier aktiv zu werden. Es kommt nun auf die Menschen an, diese Allianz zu fordern. Wir dürfen nicht mehr schweigen. Schweigen macht schuldig.

„Der Islam gehört nicht zu Deutschland".

Was ist das für eine lächerliche Diskussion? Religionen gehören nicht zu Deutschland, weil wir ein säkular orientierter Staat sind, und im gleichen Maß gehören alle Religionen zu Deutschland, weil wir uns gerade deswegen Religionsfreiheit leisten können. Es gibt nur eine Einschränkung: Die Religion muss das deutsche Grundgesetz als oberstes Gesetz anerkennen. Religionsgesetze können nicht über dem Grundgesetz stehen. Nicht nur die Muslime, alle Religionen müssen sich in diese Regel fügen.

Dass Europas Ethik und Kultur vom Jüdisch-Christlichen geprägt wurde, ist eine historische Tatsache. Wer dies in der Zukunft ändern will, muss bessere Werte anbieten. Bis dahin haben die Europäer gute Gründe, auf ihre christlich geprägten Werte stolz zu sein, sofern sie diese auch leben.

„Das EEG (Erneuerbare Energie Gesetz) und die Energiewende gefährden die Stromversorgung. Sie treiben (...) den Strompreis hoch. Windkraftanlagen zerstören das Bild unserer Kulturlandschaften und sind für Vögel eine tödliche Gefahr."

Mit solchen Argumenten soll der Ausstieg aus der EEG begründet werden. Der Klimawandel, die von der IPCC (Intergouvernemental Panel on Climate Change) vorgebrachten Folgerungen aus den einschlägigen Messungen seien nicht bewiesen.

So könnte man auch behaupten: Wenn der Stier ein rotes Tuch attackiert, ist nicht bewiesen, dass dies durch die rote Farbe ausgelöst wird. Angesichts der globalen Umwälzungen und Gefahren, die uns sichtbar drohen, muss wohl jeder verantwortungsbereite Mensch auf die Gefahr reagieren und nicht Haare spaltend lamentieren.

C. Unser Programm im Detail

„(...) verkörpert die AfD (...) eine Renaissance bürgerschaftlichen Engagements. Sie ist die Partei des bürgerlichen Verantwortungsbewusstseins."

Hier wird ein hoher Anspruch verkündet. Ob die Partei diesem Anspruch auch entsprechen kann, ist angesichts vieler einzelner Programmpassagen zu bezweifeln. Jeder sehnt sich nach dem Recht und der Ordnung, die seiner Definition entspricht. Wenn die in Schmalspur daherkommt, haben Minderheiten schlechte Karten. Gerade die sollen jedoch laut Grundgesetz geschützt sein.

<u>Das AfD-Menschenbild</u>

Wo Recht und Ordnung angesiedelt sind, erkennen wir im AfD-Menschenbild.

„Wir glauben nicht an die Verheißungen moderner politischer Ideologien oder an die Heraufkunft eines besseren, <eines neuen Menschen>. Eine Geschichtsphilosophie, die von einer Höherentwicklung der individuellen menschlichen Moral ausgeht, halten wir für anmaßend und gefährlich."
Will die AfD glauben machen, die Ethik des mittelalterlichen Menschen sei identisch mit der des Heutigen? Dann identifizierten sich die heutigen Menschen als Mittelalterliche. Die Vielfalt in unserer Zeit mag dies wohl noch zulassen. Dann stehen neben den Zurückgebliebenen dennoch die Fortgeschrittenen. Beide mögen sich in ihren Kollektiven finden. Um die Zurückgebliebenen zu rechtfertigen, darf die AfD gleichwohl die Fortgeschrittenen nicht einfach aus der Welt schaffen.

Das Wissen der Menschheit wird in immer kürzer werdenden Zeiträumen verdoppelt. Da wird die Fortentwicklung der menschlichen Moral geradezu Notwendigkeit. Das Bleibende ist die Veränderung. Wissen und Ethik sind miteinander zu vereinbaren. Wissen bedeutet auch Verantwortung.

Heute können wir den Fortgang der Schöpfung mit unserem Wissen beeinflussen. Wie soll das gut gehen, wenn nicht die Verantwortung von Ethik durchdrungen ist. Das Leben selbst ist der Schöpfungsakt. Unsere Wahrnehmungen drängen uns, neue Werte zu entwickeln. Jeder hat eine Antenne für Ethik, die seine Ethik ist. Sie ist ein Merkmal seiner Persönlichkeit und ein Weg zu sich selbst. Das Menschsein muss verantwortet werden. Fatal ist die AfD-These, weil sie den Glauben an die Entwicklung des Menschen nimmt, und wo nicht daran geglaubt wird, findet sie eben auch nicht statt. Es bildet sich das Kollektiv der Zurückgebliebenen.

Die Geschichte der Menschheit lehrt uns etwas anderes. Zwischen dem primitiven Vormenschen und dem heutigen Homo sapiens liegt ja wohl eine Entwicklung, die nicht ganz ohne die ethisch-moralische Komponente erfolgt sein wird.

Konservatives Gedankengut, das zu diesem Menschenbild kommt, muss um die elementarste Erfahrung allen Lebens bereichert werden. Keine Erkenntnis hat eine längere Geschichte als die, dass alles im Leben dem Wandel und der Fortentwicklung unterworfen ist.

Es sei eingeräumt, im Fortschreiten gibt es auch das Auf und Ab. Damit lässt sich dann auch schmalspurige konservative Denkweise erklären, aber nicht Stillstand in der Schöpfung. Der ist von Anbeginn des Daseins widerlegt.

Anmaßend ist es, sich als vollendete Schöpfung zu verstehen. Demütig ist es, sich dem Schöpfungsakt des Lebens, als dem Willen des Schöpfers zu unterwerfen. Auch Atheisten werden sich dieser Logik anschließen, dabei freilich den Schöpferwillen als Naturgesetz sehen.

Im Grunde ist dieses Wissen eines der spirituellen Geheimnisse des Christentums. Gerade diese Einsicht gehört in unsere Zeit, wo der Mensch auch Verantwortung für die Schöpfung übernehmen muss.

Die Partei AfD versteht sich als Heilsverkünderin, deren Lehren vor dem Hintergrund ihres Menschenbildes so richtig sind, dass sie, wie sie meint, nicht weiter überprüft werden müssen. Dem ist entgegenzusetzen, dass konservatives Denken sich nur rechtfertigen kann, wenn verkrustete Denkabfälle rechtzeitig erkannt und entsorgt werden.

Dieses AfD-Menschenbild ist der zentrale Ausgangspunkt für das gesamte Parteiprogramm. In der Betonung der nationalen Eigenschaften und Werte schreibt es den Rassismus ebenso fest, wie die kollektive Schuld an den NS-Verbrechen des national denkenden Volkes, von der wir Deutsche uns befreien wollen, indem wir für Besseres einstehen. Hier scheiden sich die Geister. Schuld oder Unschuld, wir haben die Wahl. Nach der Katastrophe der NS-Zeit mit all seinen Untaten sind wir Deutsche verpflichtet, aus der Geschichte zu lernen. Was anderes soll daraus werden, wenn nicht ein weiter entwickeltes menschliches Empfinden und Denken, eine höhere Ethik?

Freilich lassen sich im AfD-Menschenbild undemokratische Machtstrukturen leichter ansiedeln als dort, wo der Mensch sich selbst sucht und seine eigenes persönliches Entwicklungspotential erkennt. Dieses AfD-Menschenbild darf nicht stimmen und kann es auch nicht. Es ist aber der Ausgangspunkt für das gesamte Parteiprogramm. Da stehen richtige, unerhebliche, veraltete und falsche Denkansätze allzu eng beieinander. So ist es auch nicht sinnvoll, darauf einzugehen. Man kann den Lauf der Sterne nicht erklären und dabei annehmen, dass die Sonne um die Erde kreist.

So sei hier abschließend noch auf wenige allgemeine Dinge eingegangen.

„Mut zu Deutschland" wird angemahnt, und **„freie Bürger, keine Untertanen."**

Fehlen uns in diesen Tagen nicht eher der Mut zum Menschsein und Bürger die bereit sind, Verantwortung zu tragen? Die Grenzen der Freiheit wahrnehmen, ausfüllen und ein Mensch sein, kostet Mühe. Mühe, die uns die AfD abnehmen will. So stehen wir gleichsam ohne Wurzeln vor dem angeprangerten **„Bruch von Recht und Gesetz, der Zerstörung des Rechtsstaates und verantwortungslosem politischem Handeln gegen die Prinzipien wirtschaftlicher Vernunft."** Wurzeln sollen die Unzufriedenen in der Partei, die nun ihre Alternativen anpreist. Dafür will sie das Wertvollste was Bürger geben können: Stimmen die Macht bringen.

Um hier mitzugehen, braucht der Mensch wohl zusätzliche rechtsdrehende Gehirnwindungen.

„... die Würde des Menschen, die Familie mit Kindern, unsere abendländische und christliche Kultur", wird betont. Sie in Zusammenhang mit deutsch-nationaler Identität zu stellen, ist anmaßend und auch unlogisch.

„... die historisch-kulturelle Identität einer Nation, ein souveränes Deutschland als Nationalstaat des deutschen Volkes und ein friedliches Miteinander der Völker bewahren", verkünden sie, die nationale Bedeutung des deutschen

Volkes betonend. Da steht der Mensch vor dieser Werteversammlung und stellt überrascht fest, dass er ja auch eine deutsch-nationale Identität hat. Ja, das gibt es jetzt wieder: ein Kollektiv, in dem deutsch-nationale Identität formuliert und gepflegt wird. Es genügt nicht mehr Deutscher zu sein oder stolz auf sein Volk, dazu gibt es ja, trotz unserer fatalen Geschichte, immer noch Grund genug. Nein, jetzt können wir uns endlich wieder einem Kollektiv anschließen, in dem wir die deutsch-nationale Identität per se finden. Und schnell sehen wir uns dann den anderen Völkern überlegen, wenn nicht gar übergeordnet, denn jeder sieht ja, dass wir tüchtiger sind als die anderen. - Das ist immer so, wenn man nur sich selbst wahrnimmt.

Als ob uns die Nachbarvölker nicht längst Überheblichkeit vorwürfen, soll die nun auch noch manifestiert werden. Wie dabei ein friedliches Miteinander der Völker bewahrt werden soll, ist gerätselt.

Im **„Schengener Abkommen und den Maastrichter Verträgen"** sei die **„deutsche Volkssouveränität verloren gegangen"**, klagen sie. Wollen sie den freien Grenzübertritt in Europa und die gemeinsame europäische Politik abschaffen? Welche Alternativen werden da angeboten? Zurück zur Kleinstaaterei ist doch wohl keine europäische Lösung. Nicht rückwärts, sondern vorwärts führt der Weg. Die europäische Demokratie muss vitalisiert werden. Da liegen die Aufgaben in der Zukunft. In unserer vielfältigen Welt werden Entscheidungsprozesse immer mehr in Stufen und differenzierenden Verzweigungen ablaufen. Dabei ist Transparenz in jeder Phase die wichtigste Komponente. Ohne die werden Verträge und Gesetze bald nicht mehr durchgesetzt werden können.

„Ein schlanker Staat" wird angemahnt und **„die Gewaltenteilung"** soll gewährleistet werden. **„Überbordende und unkontrollierte Ausübung von Staatsgewalt verhindern"**, ist das Ziel.

Liberalisierung ist ein schöner Gedanke, setzt aber gerade die Weiterentwicklung von Moral und Ethik voraus, die oben abgestritten wird. Ohne die ist ungeregelte Liberalisierung nicht möglich. Nicht nur am Beispiel der Finanzmärkte sehen wir, wohin sie führt, und wie schwer es ist, ethische Werte in solchen Welten wirksam zu machen. Nicht die Staatsgewalt verschlanken, sondern die unkontrollierten Macher reglementieren ist die Lösung. Die Staatgewalt steht zumindest formal unter demokratischer Kontrolle, die Finanzhaie tun das nicht.

Korruption ist die Begleiterscheinung des unkontrollierten Lobbyismus. Hier muss angesetzt werden. Die Verschlankung des Staates erfolgt in der ersten Stufe durch die Entmachtung der Lobbyisten. Politische Lösungen dürfen die Nähe zum Problem nicht verlieren. Abzweigungen für egoistische Interessengruppen dürfen nicht sein.

Am Ende hinterlässt das Parteiprogramm der AfD den schalen Geschmack einer rückständigen Gedankenwelt, sehr konservativ, fern dem geistigen Leben und den sozialen Problemen unserer Gesellschaft, dafür dem Egoistischen und Materiellen zugewendet.

Die Tiefe jedes Geschehens begreifen wir an seinem Hintergrund.

Er ist Ursprung und Licht, in dem wir Geschichte wahrnehmen müssen, wenn sie uns nicht erschlagen soll.

Dies gilt auch, wenn die Wahrnehmungen in sich begrenzt bleiben.

Morgendämmerung

*Aus dem Dunkel
grauen Grenzen.
Flächen, Formen, Farben,
Ahnungen wagen werden,
vom gehärteten Gestern
durch weichende Nacht
zum fließenden Tag.*

(Xaverius)

Dank:

Meiner Frau, Traude Bock-Laubis, die mich mit ihrem anthroposophischen Denken zu mancher Einsicht geführt hat. Darüber hinaus hat sie mir für die Gestaltung des Covers ihre Aquarelle zur Verfügung gestellt.

Den Teilnehmern im politischen Gesprächskreis in der Begegnungsstätte Hirsch in Tübingen, die mich inspiriert, mir aber auch ihre Meinung entgegen gestellt haben.

Allen Menschen mit Anstand und Würde, die mich konditioniert haben, an das Gute im Erdenbürger zu glauben.

Inhalt: